August 2007

Minze

Chartreuse-Minze   Mentha x piperita var. citrata 'Chartreuse'

Minze
Feuer und Eis für Küche und Wohlbefinden

Lucas Rosenblatt   Theres Berweger

Lizenzausgabe für Hädecke Verlag,
D-71256 Weil der Stadt.
www.haedecke-verlag.de
Alle Rechte vorbehalten, einschließlich derjenigen des auszugsweisen Abdrucks und der elektronischen Wiedergabe.

© 2007 Fona Verlag AG,
CH-5600 Lenzburg, www.fona.ch

Verantwortlich für das Lektorat
Léonie Haefeli-Schmid

Minze-Diagramm (Seite 14) und fachliche Beratung
Hans Frei-Glaus,
Weinlandstauden AG,
Wildensbuch

Fachliche Beratung Gesundheitstipps
Doris Bigga

Illustration «Minthe»
Carmela Egli

Foodbilder und Minze-Bilder
Patrick Zemp, Rothenburg

Konzept und Grafik
Daniela Friedli, FonaGrafik

Lithos
Repro Schicker, Baar

Printed in Germany

ISBN 978-3-7750-0444-2

Abkürzungen

EL	=	gestrichener Esslöffel
TL	=	gestrichener Teelöffel
dl	=	Deziliter
ml	=	Milliliter
l	=	Liter
Msp	=	Messerspitze
g	=	Gramm
kg	=	Kilogramm

Mengenangaben

Wo nicht anders vermerkt, sind die Rezepte für 4 Personen berechnet.

Inhalt

11	**Vorwort**
12	**Minthe-Sage**
14	**Kreuzungen**
16	**Die Wilden**
17	Wasser-/Bach-Minze
18	Acker-Minze
19	Ross-Minze
20	Rundblättrige Minze/ Wohlriechende Minze
21	Polei-Minze
22	Hirsch-Minze
22	Amerikanische Bergminze
23	Korsische Minze
24	**Die Pfeffrigen**
25	Pfeffer-Minze/Echte Minze
25	La Reine rouge
26	Japanische Minze
26	Agnes
27	Orangen-Minze
27	Schokoladen-Minze
28	Englische Minze/Schwarze Minze
28	Russische Minze
29	**Die Muntermacher**
30	Krause Minze
31	Guernsey-Minze
31	Kentucky Spearmint-Minze
32	Grüne Minze
33	Marokkanische Minze
33	Schweizer Minze
34	**Die Duftenden oder Fruchtigen**
35	Ananas-Minze
35	Apfel-Minze
36	Chartreuse-Minze
36	Erdbeer-Minze
37	Limonen-Minze «Hillary's sweet Lemon»
37	Grapefruit-Minze (Bergamotte)
38	**Minze selber ziehen**
42	**Rund um den Tee**
46	**Rund ums ätherische Öl**
50	**Wellness – Hausapotheke**
55	**Adressen**
56	**Rezepte**
56	Kalte und warme Starter
80	Fisch – Geflügel – Fleisch (Mahlzeiten)
106	Desserts und Getränke
126	Minze-Grundrezepte
132	Grundrezepte
140	**Register**

Herzlichen Dank

Die Kräuterspezialisten Elsbeth und Hans Frei, FREI Weinlandstauden AG, Wildensbuch, haben das Buch fachlich begleitet. Alle Minzesorten und Kräuterschmuckbilder für den Einführungsteil durften wir in ihrer Gärtnerei fotografieren und auch der Food-Autor wurde großzügig mit Minze beliefert.

Globus Luzern und Cascade Luzern haben freundlicherweise das Geschirr für die Foodfotos zur Verfügung gestellt.

Amerikanische Bergminze Pycnanthemum virgnicum

Vorwort

Polei-Minze Mentha pulegium

Die «Pfefferminze» bekommt eine neue Dimension. Wenn wir in die Welt der Minze eintauchen, merken wir rasch, dass es die Pfeffer-Minze tatsächlich gibt, sie aber nur eine von Dutzenden, ja Hunderten von Sorten ist. Bei der Pfeffer-Minze handelt es sich um eine Spontankreuzung von Wasser-Minze und Grüner Minze, welche im 17. Jahrhundert in England entstanden und von dort in alle Welt gelangt ist. Der Name ist gut gewählt, gibt doch der hohe Anteil an ätherischen Ölen, insbesondere an Menthol, den Blättern einen würzigen, brennend scharfen, (pfeffrigen), minzigen Geschmack. Die Pfefffer-Minze ist Allrounder; in Hausapotheke und Küche.

Die Minze hat sich in vielen Teilen der Welt ihr «Reich» aufgebaut. Wir bleiben in Mitteleuropa. Auch hier ist die Artenvielfalt noch riesig groß. Zu groß, um alle vorzustellen. Die Autorin stellt rund 30 Minzesorten vor, die aufgrund ihres Mentholgehalts in «die Wilden», «die Pfeffrigen», «die Muntermacher» und «die Duftenden oder Fruchtigen» eingeteilt wurden. Die Minze macht fit, beruhigt, kühlt und wärmt, erfrischt, lindert Schmerzen, heilt … und entpuppt sich als kulinarisches Highlight.

Die Minzesorten sind da … und nun gibt es endlich auch Rezepte. Man darf sich vom Minze-Virus anstecken lassen. Sie werden sich nun fragen, ob Sie zum Kochen alle Minzesorten in Ihrem Garten ziehen oder für ein Rezept jeweils die entsprechende Minzesorte kaufen müssen. Nein. Das Diagramm auf Seite 14 hilft weiter. Wenn in einem Rezept ein Vertreter der «forma rugosa» verwendet wird, können Sie ohne weiteres die «Marokkanische Minze» durch die «Guernsey-Minze» ersetzen. Oder im Rezept wird «aquatica f. citrata», z. B. die Limonen-Minze verwendet, dann können Sie auch die «Orangen-Minze» nehmen. Die Speise wird zwar eine andere Aroma-Komponente haben, aber trotzdem harmonisch sein. Weshalb? Weil Vertreter der gleichen Art/Unterart in etwa gleich viel Menthol enthalten. Und das ist für die kulinarische Harmonie wichtiger als das «mitschwingende» Aroma von Limone, Ananas, Erdbeere …

Wir wünschen Ihnen spannende Stunden im Reich der Minze!

In England gab es in der viktorianischen Zeit den hoch geschätzten Beruf eines Kräuterstreuers. In adeligen Gemächern, aber auch in Bürgerhäusern, wurde der Fußboden mit allerlei Kräutern, besonders aber mit Minze, bestreut. Das half gegen den in der damaligen Zeit allgegenwärtigen, alles durchdringenden Gestank und das lästige Ungeziefer und wirkte zudem desinfizierend und belebend.

Mentha x piperita

Die blondlockige Nymphe Minthe, Tochter des Unterwasserflussgottes Kokytos, sammelte frische Kräuter und legte sie in ein Körbchen. Aus Kräutern hatte sie gerade einen Kranz gewunden und aufs Haar gelegt. Sie freute sich über den kühlen, aber sonnigen Frühsommer-Morgen.
Hades, Bruder von Zeus und Gott der Unterwelt und Ehemann der Göttin Persephone, streckte, getarnt durch einen Maulwurfhügel, seinen Kopf auf die Erde. Er wollte sich auf festem Boden ein wenig die Beine vertreten. Da entdeckte er die hübsche Nymphe, in die er sich gleich verliebte und sie kurz entschlossen in sein Reich hinunterzog. Hades fragte sie nach ihrem Namen. «Minthe», flüsterte sie. «Die Römer nennen mich Mentha.»

Minthe-Sage

Der Schock saß ihr noch in allen Gliedern. «Dein Name gefällt mir», sagte Hades. «Ich bin Hades, der Gott der Unterwelt.»
Minthe schaute Hades genauer an und fand ihn eigenartig: «Du hast aber einen komischen Hals!» «Das ist ein Periskophals», antwortete Hades, «eine sehr nützliche Einrichtung, die mir schon viele Male geholfen hat.»
«Komm, ich zeige dir meinen Palast», lud er Minthe ein. Die Nymphe verabscheute protzige Paläste, aber sie war auch neugierig. Hades umgarnte nun das Naturkind mit seinem Charme und verwöhnte sie mit all dem Reichtum, den er als Gott aus den Ärmeln schütteln konnte. So verbrachten sie zusammen einen vergnügten Sommer. Hades war im Sommer stets allein, weil er nach dem Urteil von Zeus die Hälfte des Jahres ohne seine Persephone, die er einst geraubt hatte, in der Unterwelt leben musste. Die Zeit verging schnell. Mit einem Mal stand die Göttin vor den beiden Verliebten. Vor Wut zitternd machte sie auf der Schwelle kehrt, bevor Hades ein klärendes Wort sagen konnte. In kürzester Zeit war sie wieder zurück. Hinter ihr stand Demeter, ihre Mutter und Göttin der Fruchtbarkeit. Demeter packte das luftige, schöne Naturwesen Minthe voller Neid mit eiserner Faust an den blondglänzenden Haaren, zerrte sie hinter sich her und zerriss sie in tausend Stücke. Dann verschwand die wütende Göttin wieder so schnell, wie sie gekommen war.
Hades fiel vor seiner Gemahlin auf die Knie und bat um Verzeihung. Dabei hob er verstohlen die Teile seiner zerfetzten Geliebten auf und versteckte sie. Noch immer duftete es reinigend und frisch. Was sollte er nur damit machen? Da hatte er eine Idee! Er packte die Überreste in einen Sack und schlich durch einen seiner Geheimgänge, die sein Reich mit der Oberwelt verband, auf die Erde. Dort verteilte er die Teile Minthes gleichmäßig über weite Gebiete der Erde. Dann kehrte er betrübt in sein Reich zurück. Er konnte das lebensfrohe Wesen nicht vergessen. Mit der Zeit wuchs Gras über die ganze Angelegenheit. Persephone versöhnte sich mit Hades. Als Demeter im Frühling wieder die Vegetation hervorlockte, bemerkte sie nicht, dass ein völlig neuartiges Kraut mit einem intensiven, aber frischen Duft auf der Erde wuchs. Die Bienen besuchten es überaus gerne. Es dauerte nicht lange, da vermehrte und kreuzte sich die wohlriechende Pflanze mit ihren Artgenossen und es entstanden viele neue Arten. Persephone bemerkte den neuen Duft sehr wohl und kannte auch deren Herkunft. Aber auf diese Weise war die Nebenbuhlerin keine Gefahr mehr für sie.
Minthe aber rächte sich doch noch an den beiden: Obwohl Hades wie Persephone ausgiebig Granatäpfel aßen und deren Saft tranken, blieb der Kindersegen aus. (Granatäpfel sollen die Fruchtbarkeit steigern!)

Quelle: «Wie aus dem Zankapfel die Einbeere wurde», von Bernd Hertling

Kreuzungen

Botanik

Die Minze hat eine lange Entwicklungsgeschichte. Sie wurde seit jeher vom Menschen genutzt und kultiviert. Es gibt Bastarde, die sich kaum von ihren Eltern unterscheiden und die auch wieder Bastarde erzeugen, wenn sie miteinander in den Gärten wachsen. Walahfrid Strabo, Abt auf der Reichenau, hat bereits vor über tausend Jahren geschrieben, dass man Minzen durch Ableger vermehren soll, wenn man eine gute Sorte wolle.

Wenn wir Minzen in botanisch geordnete Gruppen einteilen, bekommen wir ein wenig Übersicht über die riesige Menge der kultivierten Sorten und erhalten gleichzeitig eine Angabe über deren Verwendung, denn in der Regel haben ähnliche Kreuzungen auch ähnliche Düfte. Wenn wir ordnen wollen, dann müssen wir uns mit den Ursprungspflanzen befassen, mit Arten, die in Europa heimisch sind. Viele Vorschläge sind schon gemacht worden, aber bis heute besteht noch keine eindeutige Klassifikation.

Das nebenstehende Schema hilft bei der Zuordnung. Auf der Kreislinie sind die wirklichen Wildarten aufgeführt, innen die Bastarde, wobei M. spicata schon so lange existiert und genetisch stabil ist, dass man sie als eigene Art betrachten kann. In neueren Arbeiten wird Mentha x piperita var. citrata als direkte Form von M. aquatica angesehen, was meines Erachtens richtig ist, da die Anordnung der Blüten identisch ist mit derjenigen von M. aquatica.

Hans Frei-Glaus
FREI Weinlandstauden AG, Wildensbuch

Die Minze war bei den Herrschern des Orients immer ein begehrtes Kraut. Als Zeichen der Freundschaft und des Wohlwollens legten sie Minzeblätter in ihre Schriftrollen.

Polei-Minze   Mentha pulegium

Die Wilden

Minzearten und -sorten

Wasser-/Bach-Minze
Mentha aquatica

Botanik Die Wasser-Minze findet man an Bächen und Teichen, in Nass- und Moorwiesen, in Bruchwäldern und im Weidengebüsch. Sie liebt einen leicht sauren, nährstoffreichen, kalkarmen Boden. Die krautige, aromatische Pflanze ist mehrjährig und wird 20 bis 40 cm hoch. Die gestielten, eiförmigen Blätter sind gezähnt. Sie sind reich an ätherischen Ölen. An den vierkantigen Stängeln stehen die rosa-violett gefärbten Blüten in lockeren Scheinquirlen in einem endständigen, kugeligen Köpfchen. Ihr Duft lockt verschiedene Insekten an.

Inhaltsstoffe ätherisches Öl mit wenig Menthol

Vorkommen Gemäßigte Zonen, Europa, Nordafrika, Asien. Je nach Herkunft ist die Behaarung unterschiedlich.

Verwendung Duftpflanze; entfaltet ihren Duft bei Berührung

Geschmack starkes Minzearoma, sehr aromatisch

Geschichte Die Wasser-Minze galt neben dem Echten Mädesüß (Filipendula ulmaris) und dem Eisenkraut (Verbena officinalis) bei den Druiden als heilige Pflanze.

Blumenstrauß: Ein Zweig Minze hält das Wasser frisch und verhindert Fäulnisprozesse.

Acker-Minze
Mentha arvensis

Botanik Die mehrjährige Acker-Minze wird 20 bis 45 cm hoch. Wie alle Pfeffer-Minzarten vermehrt sie sich durch unterirdische Ausläufer. Die wechselständigen Blätter sind eiförmig, deutlich gestielt und nach vorne gezähnt. Der obere Teil der Pflanze ist oft weich behaart, gleich wie die Blätter. Die hellvioletten Blüten sitzen quirlartig in den Achseln der Blätter. Die Acker-Minze ist am Stängelende mehr oder weniger belaubt (alle anderen Minze-Arten verlaufen in eine Ähre). Die Pflanze bevorzugt kalkhaltige, sumpfige oder feuchte Stellen an Wegrändern, in Gräben, in Waldlichtungen, auf sumpfigen Wiesen an sonnigen bis halbschattigen Stellen. Die Acker-Minze lässt sich leicht mit anderen Minze-Arten kreuzen. Blütezeit ist von Juni bis Oktober.

Inhaltsstoffe Die Acker-Minze hat von fast allen Minze-Arten den höchsten Mentholgehalt.

Vorkommen Sie wird in vielen Ländern Asiens und in Brasilien für die Gewinnung von Menthol angebaut.

Verwendung Die japanische Varietät der Acker-Minze (Mentha arvensis var. piperascens) beziehungsweise der Japanischen Minze ist die wichtigste Quelle für Menthol. Das ätherische Öl der Mentha arvensis var. Piperascens hat einen sehr hohen Mentholgehalt (ca. 80 %). Durch Abkühlen kann man erreichen, dass Menthal asukristallisiert. Das (feste) natürliche Menthol wird abfiltriert und verkauft. Zurück bleibt ein Minzöl, das nur noch einen Mentholgehalt von 30–50 % hat und das als solchen unter dme Namen: Minzöl oder Japanisches Öl (Pfeffer)-Minzöl im Handel ist.
Für die Küche eignen sich alle Varietäten der Acker-Minze, sei es für Obstsalat, Süßspeisen oder salzige Gerichte.

Geschmack Stark aromatisch bis scharf, besonders wenn sie an einem eher trockenen Standort wächst, je nach Typ kann sie auch minzig-fruchtig oder leicht bitter schmecken.

Geschichte Bei der Acker-Minze handelt es sich um eine alte ursprüngliche Sorte. Auch die Bananen-Minze gehört zu dieser Art.

Ross-Minze
Mentha longifolia

Botanik Die schnell wachsende, mehrjährige, krautige Ross-Minze wird 40 bis 100 cm hoch und hat lange Ausläufer. Ihr Geschmack ist sehr ausgeprägt. Die vierkantigen oder leicht rundlichen Stängel sind im oberen Bereich reich verzweigt. Die Pflanze erkennt man an ihren kreuzständigen, länglich-ovalen Blättern. Auf der Oberseite sind sie fast kahl, auf der Unterseite kurz und dicht bis filzig behaart. An den Rispenästen sitzen die lila bis rosa, oft ziemlich hell gefärbten Blüten in vielblütigen Scheinquirlen und bilden dichte Scheinähren. Die Ross-Minze liebt nassen, stickstoffreichen Boden. Man findet sie oft in der Nähe von Flüssen und stehenden Gewässern.

Inhaltsstoffe ätherisches Öl mit Menthol

Vorkommen Europa, Klein- und Mittelasien, Afrika

Verwendung Für asiatische Gerichte und Chutneys. Die Blätter können kandiert werden.

Geschmack Riecht im ersten Moment nach Minze, süßlich-aromatisch, dann schwach nach Teer und Terpentin, scharf.

Geschichte Die Ross-Minze wächst an Gräben, Wasserläufen und in Sümpfen. Hildegard von Bingen verordnete die zerstoßenen Blätter der «rossemyntza» als Pflaster bei Parasiten.

Im Mittelalter schützten sich die Menschen mit einem frisch duftenden Minzesträußchen um den Hals vor üblen Gerüchen und ansteckenden Krankheiten.

Rundblättrige Minze/ Wohlriechende Minze
Mentha suaveolens 'Variegata'

Botanik Die mehrjährige, mit Flaum bedeckte, kriechende Pflanze wird bis 40 cm hoch. Die Blätter sind länglich-oval bis rund-runzlig und bis 5 cm lang. Die rosa bis weißen Blüten sind zu dichten, runden Ähren gruppiert. Die rundblättrige Minze wird fälschlicherweise oft als Mentha rotundifolia bezeichnet. Sie liebt eher humosen, gut durchlüfteten Boden. Weil sie mehrheitlich oberirdische Ausläufer bildet, ist die Pflanze nicht ganz frosthart. Eine attraktive Varietät, welche auch in diese Artengruppe gehört, ist die Ananas- und Apfel-Minze.

Inhaltsstoffe geringer Mentholgehalt

Vorkommen auf der ganzen Welt verbreitet

Verwendung Die klassische Teepflanze erinnert an frische duftende Äpfel. Die Varietät Ananas-Minze ist nicht besonders minzeartig. Sie erinnert mit ihrem herben Zitronenaroma ein wenig an «Bitter Lemon» und Ananas. Das Kraut ist ideal für Obstsalate, Süßspeisen und als Garnitur für Salate und Desserts.

Geschmack süßlich, aromatisch, fruchtig, leicht bitter, je nach Standort, auch kühlend und erfrischend

---

Nach dem Mittagessen einen zuckerfreien Minzekaugummi kauen. Das ist ein guter Ersatz für Kaffee und Zähneputzen. Der Kaugummi wirkt zudem belebend und verdauungsfördernd.

Polei-Minze
Mentha pulegium

Botanik Die kahle, mehrjährige Pflanze wird 5 bis 35 cm hoch. Sie hat einfach oder vielfach verzweigte Stängel. Die ovalen bis länglichen Blätter werden bis 2 cm lang und sind ganzrandig oder schwach gezähnt. Die Blüten sind violett, selten weiß, und wachsen in blatt-achselständigen, kugeligen Scheinquirlen. Blütezeit ist von Juli bis September. Die Polei-Minze liebt nährstoffreichen Boden an Ufern von Flüssen, die ab und zu auch überschwemmt werden.

Inhaltsstoffe Ätherisches Öl mit bis zu 80 % Pulegon, Piperiton, Limonen und wenig Menthol. Pulegon ist ein Lebergift, das in größerer Dosis Erbrechen, Bluthochdruck, Delirium, narkotische Lähmungen einschließlich Atemlähmungen auslösen kann. Pulegon begünstigt einen Abort. Es kann in einer gewissen Dosis zum Tod führen. Heute wird deshalb von der Verwendung der Polei-Minze abgeraten.

Vorkommen Ursprünglich im Mittelmeerraum beheimatet. Die Pflanze wächst in weiten Teilen Europas und Vorderasiens.

Verwendung Mentha pulegium wurde früher in der Medizin verwendet. In größeren Mengen ist die Pflanze giftig. Sie wird gerne mit der Acker-Minze verwechselt. Die niedrig wachsende Sorte ist ein ausgezeichneter erfrischend-duftender Bodendecker, der viele Schädlinge vertreibt. In Haus und Garten macht sie den Insekten den Garaus. Die Polei-Minze macht Parasiten in Katzen- und Hundekörbchen den Garaus. Die Blätter sollten am Nachmittag gepflückt und bei höchstens 35 °C getrocknet werden.

Geschichte Sowohl die Griechen wie die Römer kannten und schätzten diese Minzeart. Sie wurde bis ins Mittelalter als Allheilmittel verwendet. Walahfrid Strabo hatte in seinem Hortulus ebenfalls nur lobende Worte für sie. Schon im St. Galler Klosterplan ist sie aufgeführt, ebenso im Capitulare villis. Die Polei-Minze galt auch als Aphrodisiakum. Nach Hildegard von Bingen soll sie auf die Psyche wirken. Sie empfiehlt sie äußerlich für Kopfwickel.

Geschmack Ausgeprägter Minzgeschmack mit viel Schärfe und etwas Terpentin im Hintergrund.

Hirsch-Minze
Mentha cervina

Botanik Die mehrjährige Pflanze ist robust, aber nicht frostsicher. Sie wird bis 30 cm hoch. Sie braucht Licht, Sonne und Wärme. Der Boden kann sandig, lehmig oder humos sein. Die Hirsch-Minze wächst an feuchten Orten wie beispielsweise in sumpfigen Wiesen. Die bis 4 cm langen, linealen Blätter sind fast ganzrandig (nicht gezahnt). Blütezeit ist von Juli bis September.

Vorkommen Marokko, Algerien, Portugal, Spanien, Frankreich

Inhaltsstoffe reich an Pulegon (siehe Polei-Minze)

Geschmack ausgeprägter Minzgeschmack mit viel Schärfe und etwas Terpentin im Hintergrund

Verwendung Die Hirsch-Minze ist in größeren Mengen giftig. Empfohlen wird sie als Tee bei Verdauungsbeschwerden, Leber-Galle-Leiden und Fieber. Die kriechende Pflanze ist ein ausgezeichneter erfrischend-duftender Bodendecker, der Schädlinge vertreibt. Pulegon vertreibt Insekten in Haus und Garten und Parasiten aus Katzen- und Hundekörbchen.

Amerikanische Bergminze
Pycnanthemum virgnicum

Botanik Die kräftige Pflanze mit den starken Stängeln wird bis 90 cm hoch. Die Blätter sind dunkelgrün, lang und schmal, samtig und ganz fein behaart. Blütezeit der weißen Blüten ist von Juli bis September. Ideale Pflanze für Rabatten. Sie liebt Sonne und Halbschatten.

Inhaltsstoffe wenig Menthol

Geschmack Sie entfaltet ihr Aroma bei kühlen Temperaturen. Die Amerikanische Bergminze hat einen feinen Minze-Geschmack, sie ist leicht süßlich, mild, im Hintergrund scharf.

Verwendung Fleisch, Saucen, Suppen, für kräftige Gerichte.

Wichtig Die Amerikanische Bergminze ist keine Minze. Weil sie bezüglich Aroma ein absoluter Allrounder ist, verdient sie erwähnt zu werden.

Die Wilden

Korsische Minze
Mentha requienii

Botanik Die spezielle Pflanze wird nur einige Zentimeter groß. Entsprechend klein sind denn auch die dunkelgrünen, runden Blättchen. Die Korsische Minze mag einen sonnigen wie halbschattigen Standort, wenn es feucht genug ist. Der Boden darf sandig-humos bis lehmig sein. Die Pflanze ist sehr dekorativ. Da sie nicht winterhart ist, kann man sie auch im Haus an einem kühlen Ort überwintern. Im Freien zieht die Pflanze im Winter ein und treibt im Frühjahr wieder kräftig aus. Mit ihrem dichten Grün kann sie auch die Fugen von Terrassen und Gartenplatten füllen: fleißiges Gießen ist Voraussetzung. Blütezeit der hellvioletten Blüten ist von Juni bis September.

Vorkommen Mittelmeerraum, Korsika, Sardinien

Inhaltsstoffe hoher Mentholgehalt

Geschmack Kräftiges bis stechendes Minzaroma, das leicht nach Terpentin riecht. Die Pflanze entwickelt ihren intensiven Duft besonders im Hochsommer.

Verwendung Duftpolster

Die Engländer stellten fest, dass die Polei-Minze das Trinkwasser frisch hält. Schon bald schwamm das duftende Kraut als Frischhalte- und Desinfektionsmittel in den Wassertanks der englischen Handels- und Kriegsschiffe. So konnten sie länger auf See bleiben als ihre Konkurrenz.

In eine Fingerschale nebst Zitrone auch Minzeblätter geben. Da tauchen sogar die Kinder die Finger gerne ein.

La Reine rouge Mentha x piperita 'Reine rouge'

Die Pfeffrigen (Minzen mit hohem Mentholgehalt)

Kennen Sie das? Zuerst hält man die Nase in die Luft, dann gehen die Augen auf die Suche nach der Pflanze, deren Duft ein jeder von uns gleich kennt: die Pfeffer-Minze. Das typische Aroma von echter Pfeffer-Minze, Orangen-Minze, Schokoladen-Minze und Schwarzer Minze verliert durch das Kochen und Trocknen nichts von seiner Intensität. Der aromatisch frische, würzige, brennend scharfe, minzige Geschmack lässt im Gaumen ein Kältegefühl zurück. Die Pfeffrigen enthalten viel ätherisches Öl, vor allem Menthol. Nicht alle Pflanzen, die nach Menthol duften, gehören aber botanisch zu den Minzearten, so etwa die Katzen-Minze (Nepeta cataria), die Berg-Minze (Calamintha cretica), die Römische Minze (Calamintha spec.), die Korea-Minze (Agastache rugosa) sowie die Frauen-Minze (Chrysanthemum balsamita) und die Amerikanische Minze (Pycnanthemum virgnicum).

Pfeffer-Minze/ Echte Minze
Mentha x piperita

Botanik Die Pfeffer-Minze ist eine Kreuzung (Bastard) aus der Wasser-Minze (Mentha aquatica) und der Grünen Minze (Mentha spicata). Die ausdauernde, bis 90 cm hohe, krautige Pflanze bildet aufrechte, ästig verzweigte Stängel und unter- und oberirdische Ausläufer. Die Stängel sind rötlich überlaufen und vierkantig. Die kreuzgegenständigen Blätter sind kurz gestielt, eiförmig bis länglich, am Rand ungleich scharf gesägt. Die hellvioletten oder hellrötlichen Blüten stehen in dichten Scheinähren. Die Pflanze blüht im Juni und Juli. Zur echten Minze gehören auch die Minzearten Persephone, Prosperina, Agnes und Pluto.

Geschmack intensiver Geruch, durchdringender, scharfer Geschmack, kühlend

Verwendung Lammfleisch, Rohkost, Suppen, Salate, Quarkgerichte, Saucen, Desserts, Schokoladenspeisen, Gebäck, Süßspeisen, Teemischungen, Getränke

Geschichte Die Pfeffer-Minze ist eine im 17. Jahrhundert in England entstandene Spontankreuzung. Durch vegetative Vermehrung gelangte sie in alle Welt.

La Reine rouge
Mentha x piperita
'Reine rouge'

Botanik Die ausdauernde Pflanze mit den dunklen, feinen Stängeln wird 50 bis 80 cm hoch. Die Pflanze wächst üppig. Die rundlichen, eher kleinen Blätter und die Stängel sind sattgrün. La Reine rouge bildet ober- und unterirdische Ausläufer.

Geschmack Ausgeprägter feiner, runder bis weicher Minzegeschmack, mit viel Schärfe im Hintergrund.

Verwendung Tee und Teemischungen. Kühlende, erfrischende Getränke. Lammfleisch, Rohkost, Suppen, Salate, Quarkgerichte, Saucen, Desserts, Gebäck, zahlreiche Süßigkeiten, Schokoladenspeisen (z. B. Mousse au chocolat).

Japanische Minze
Mentha arvensis ssp. haplocalyx
var. piperascens
auch var. japonica

Botanik Die Pflanze ist mehrjährig und wird wie die anderen krautigen Pflanzen 20 bis 45 cm hoch. Wie alle Pfeffer-Minzarten vermehrt sie sich durch unterirdische Ausläufer. Die wechselständigen Blätter sind eiförmig, deutlich gestielt und nach vorne gezähnt. Der obere Teil der Pflanze ist oft weich behaart, ebenfalls die Blätter. Die hellvioletten Blüten wachsen quirlartig in den Achseln der Blätter. Blütezeit ist von Juli bis Oktober.

Verbreitung Die Japanische Minze ist eine Minzeart, welche in den Tropen heimisch geworden ist und heute in vielen asiatischen Ländern angebaut wird. Sie ist nicht winterhart.

Geschmack stark minzig und fruchtig, oft leicht bitter

Verwendung Obstsalat, Süßspeisen. Immer, wenn der ausgeprägte Geschmack erwünscht ist.

Ätherisches Öl Die japanische Varietät der Acker-Minze (Mentha arvensis var. piperascens) oder Japanischen Minze ist eine der wichtigsten Quellen für Menthol. Die Triebspitzen können bis 5 % ätherisches Öl enthalten, der Durchschnitt liegt aber bei 1–2 %. Japanisches Pfefferminzöl enthält bis zu 70 % Menthol.

Botanik Die Blätter sind rundlich bis länglich, hellgrün bis rötlich angehaucht, glatt oder gewellt. Unter anderem gehören die Citrata-Arten (aquatica f. citrata) Grapefruit-Minze (Bergamotte), Eau-de-Cologne-Minze, Limonen-Minze und Ananas-Minze dieser Gruppe an.

Geschmack Frisches, feines, fruchtig-scharfes Orangen-Minze-Aroma. Erinnert auch an Ananas und Zitrone.

Verwendung Tee und Teemischungen. Zum Aromatisieren von Drinks (mit und ohne Alkohol), von Wasser (mit Zitrone), Salaten, Süß- und Schokoladenspeisen.

Orangen-Minze
Mentha x piperita var. citrata

Botanik Die dicht wachsende, bis 60 cm hohe, kräftige Pflanze hat glatte, sattgrüne, intensiv riechende Blätter. Die Stängel können sich rötlich bis dunkel verfärben. Die Blütenstände sind hellviolett bis violett.

Geschmack Intensiver, scharfer, samtiger, süßer Mentholduft, der im ersten Moment an Schokolade erinnert.

Verwendung Besonders für Süßspeisen aus Schokolade, z. B. Mousse au chocolat, Schokoladencreme, Schokoladenkuchen, Kakaogetränke. Fein geschnittene Blätter unter die Speisen mischen oder eine Flüssigkeit mit frischen Blättern aromatisieren.

Schokoladen-Minze
Mentha x piperita
'Chocolate Mint'

Englische Minze/ Schwarze Minze
Mentha x piperita 'Mitcham'

Botanik Die Schwarze Minze ist eine Varietät der Echten Minze. Die ausdauernde, bis 50 cm hohe, krautige Pflanze bildet aufrechte, verzweigte Stängel und unter- und oberirdische Ausläufer. Die Stängel sind rötlich überlaufen und vierkantig. Die dunkelgrünen, kreuzgegenständigen Blätter sind kurz gestielt, eiförmig bis länglich, am Rand ungleich schwach gezähnt. Die hellvioletten oder hellrötlichen Blüten stehen in dichten Scheinähren. Blütezeit ist im Juni und Juli.

Geschmack Intensiver, durchdringender Geruch. Kühlender Geschmack, mit viel Schärfe im Hintergrund.

Verwendung Tee und Teemischungen. Kühlende, erfrischende Getränke. Lammfleisch, Rohkost, Suppen, Salate, Quarkgerichte, Saucen, Desserts, Gebäck, zahlreiche Süßigkeiten, Schokoladenspeisen (z. B. Mousse au chocolat).

Geschichte Die Englische Minze ist in England und auch in Süddeutschland verwildert. Sie wird vielfach kultiviert, besonders in Mitcham (Surrey), Michigan und New York. In Deutschland wird sie in der Gemeinde Eichenau bei München angebaut. Dort befindet sich auch das einzige Pfeffer-Minzmuseum. Eine Eisenbahnlinie mit dem Namen «Pfefferminzbahn» führt von Strassfurt nach Großheringen durch weite Pfefferminzfelder.

Russische Minze
Mentha x piperita 'Polymenta'

Botanik Die mehrjährige, ausbreitungskräftige Minze wird bis zu 80 cm hoch. Sowohl ein feuchter wie trockener Standort sagt der Russischen Minze zu. Sie ist unempfindlich gegen Minzerost. Die Pflanze hat feine lila Blüten.

Geschmack Kräftiges, aromatisches Minzearoma, ähnlich dem Spearmint.

Verwendung Für Bowles, Tees, fruchtige und kräftige Schokoladen-Süßspeisen sowie Quarkgerichte.

Die Frauen rieben im Mittelalter die Tische mit einem Bündel frischer Minze ab, damit sie angenehm dufteten. Sie sollten nicht nur Lust auf ein kräftigendes Mahl machen, sondern auch die «Fleischeslust» fördern.

Guernsey-Minze   Mentha spicata 'Guernsey'

Die Muntermacher (Minzen mit wenig oder ohne Menthol)

Diese Minzesorten eignen sich besonders gut für Teemischungen. Sie sind weniger scharf als die Pfeffer-Minzen und entsprechend magenfreundlicher. Kinder trinken diese Tees besonders gern. Trotz des geringen Mentholgehalts besitzen sie das unverwechselbare Minze-Aroma. Sie eignen sich auch zum Mischen mit anderen Teekräutern. Heil- und Genusstees werden sehr häufig mit Minze aromatisiert. Von meinem Besuch in Marokko ist mir ein Glas heißer Schwarztee mit zwei duftenden Minzezweigen und viel Zucker in bester Erinnerung geblieben. Ebenso genoss ich das erfrischende Aroma in einem ähnlichen Getränk in der Türkei. Sie kühlen wunderbar in der flimmernden Sommerhitze und machen heiße Tage erträglicher.

Krause Minze
Mentha spicata var. crispa

Botanik Bei der Krausen Minze handelt es sich um eine Varietät der Grünen Minze, die nur 30 bis 45 cm hoch wird. Die dekorative, mehrjährige Züchtung hat frische grüne, längliche bis fast ovale, runzlige Blätter von 5 bis 7 cm Länge, der Blattrand ist gekräuselt und nach vorne gezähnt; die Blätter sind kreuzständig angeordnet. Die lila, rosa oder weißen Blüten sind zu runden Ähren gruppiert. Blütezeit ist von Juli bis September. Die Pflanze bevorzugt halbschattige Standorte und feuchten, mäßig stickstoffreichen Lehm- oder Tonboden. Die Pflanze entfaltet ihr Aroma besonders bei kühlem Wetter.

Inhaltsstoffe ätherische Öle mit Carvon, wenig bis kein Menthol, Menthon

Vorkommen Die Krause Minze ist im Mittelmeerraum beheimatet. Heute wird sie ausschließlich gezüchtet. In Nordamerika, China, Indien, Schweiz, Norddeutschland und Skandinavien wird sie für Tee angebaut, in Japan für die Gewinnung von ätherischem Öl.

Verwendung Für Kräutertee (auch für Kinder), kühle Getränke, Mintsauce, Jogurt- und Gurkendip, Süßspeisen. Zur Geschmacksverbesserung von Lebensmitteln, Mundwasser, Zahnpaste, Kaugummi.

Minzezweiglein in einen Krug mit frischem Wasser legen, einige Zeit ziehen lassen. Das Resultat ist ein wunderbar erfrischendes Getränk für heiße Sommertage. Ein paar Zitronenscheiben geben ihm noch zusätzliche Frische. Das Wasser kann ein paar Mal nachgefüllt werden.

Beschreibung Die kräftig wachsende Pflanze hat vierkantige, rötliche, feste Stängel. Die kreuzständigen, kräftig grünen, ovalen bis länglichen, leicht runzeligen Blätter sind rau und kahl. Die Pflanze wird bis 50 cm hoch. Sie gehört zur Gruppe der Spearmint-Minzen.

Geschmack rundes, feines, mildes Minzaroma

Verwendung Fleischgerichte, Mintsauce, Limonaden, Eiscremes, Kompott, Cremes und andere Süßigkeiten, Minze-Schokolade-Plätzchen. Der typische Spearmint-Geschmack ist in vielen Produkten, etwa in Kaugummi, als Geschmacksverbesserer enthalten.

Guernsey-Minze
Mentha spicata 'Guernsey'

Botanik Die aufrechte, bis 80 cm hohe Pflanze hat glatte, ovale, intensiv grüne Blätter und große lila bis weiße Blütenähren.

Geschmack rundes, mildes, minziges Aroma

Verwendung Fleischgerichte, Mintsauce, Limonaden, Eiscremes, Kompott, Cremes, Süßigkeiten, Minze-Schokolade-Plätzchen. Der typische Spearmint-Geschmack ist in vielen Produkten als Geschmacksverbesserer enthalten.

Kentucky Spearmint-Minze
Mentha species 'Kentucky'

Grüne Minze
Mentha spicata, auch Mentha viridis

Andere Namen
Wald-Minze, Grüne-Rossminze,
Römische Minze, Ähren-Minze

Botanik Die ausdauernde Pflanze wird bis 60 cm hoch, sie wächst dicht und buschig. Die länglich-ovalen bis spitzen Blätter sind sattgrün, glänzend und glatt und haben sichtbare Rippen. Die Grüne Minze liebt einen halbschattigen Standort mit humosem, neutralem bis saurem Boden. Die Blütezeit der rosa-violetten Blüten ist Juli bis Oktober. Sie gedeiht bei kühlem Wetter gut und entwickelt dann ihr intensives Aroma. Der gleichen Gruppe gehören Schulhaus-Minze, Ellighausen-Minze, Dyonisos-Minze und Spalinger-Minze an.

Geschmack Erfrischendes, rundes, mildes Pfeffer-Minzaroma, ähnlich dem Spearmint. Magenschonend.

Verwendung Zum Würzen von Suppen, Hackfleisch und anderen Fleischgerichten. Zum Aromatisieren von Eiscreme und Gebäck. Wird auch für die Herstellung von Kaugummi, Zahnpaste und Kosmetika verwendet.

Geschichte Die Grüne Minze wurde 1696 erstmals vom englischen Botaniker John Ray erwähnt. Er hat sie in den Gärten von Herfortshire gesehen. Sie war damals schon eine typische Kulturpflanze und ist wahrscheinlich aus der Ross-Minze (Mentha longifolia) und der rundblättrigen Minze (Mentha suaveolens) hervorgegangen. In Afrika gilt Tee aus Grüner Minze als Zeichen besonderer Gastfreundschaft.

Um den starken Kohlgeruch zu vertreiben, wird ein Minzezweig mitgekocht. Und weil die Minze bei Blähungen hilft, können gleich zwei Probleme gelöst werden.

Marokkanische Minze
Mentha spicata 'Marokko'

Botanik Die mehrjährige, frostharte Pflanze wird 30 bis 60 cm hoch. Sie hat in kreuzständiger Anordnung frische, sattgrüne, längliche bis fast ovale, leicht runzlige Blätter, die nach vorne gezähnt und rau sind. Die lila, rosa oder weißen Blüten stehen in runden Ähren. Die Marokkanische Minze blüht von Juli bis September. Sie bevorzugt einen halbschattigen, feuchten Standort mit einem mäßig stickstoffreichen Lehm- oder Tonboden. Die Pflanze gedeiht in einem warmen Klima besonders gut.

Vorkommen Kommt ursprünglich aus dem Mittelmeergebiet, eine süße Delikatesse aus Marokko und Afrika.

Geschmack süßer, kühlender Geschmack, im Hintergrund auch scharf

Verwendung Kühle, erfrischende Getränke, Mintsauce, Jogurt- und Gurkendip, Süßspeisen. Als Kräutertee auch für Kinder. Auch zur Geschmacksverbesserung von Lebensmitteln, Mundwasser, Zahnpasta und Kaugummi.

Schweizer Minze
Mentha x piperita 'Swiss-Mint'

Botanik Ausdauernde, 60 bis 80 cm hohe, dicht und buschig wachsende Pflanze. Die feinen, länglich-ovalen Blätter sind glatt und haben sichtbare Rippen und sind nach vorn gezähnt. Die Schweizer Minze liebt halbschattige Standorte, neutralen, humosen bis sauren Boden und kühles Wetter.

Geschmack rundes, feines und mildes Spearmint-Aroma

Verwendung Tee und Teemischungen, kühle Getränke, zum Aromatisieren von Wasser und Fruchtsaftmischungen. Kann gut mit Zitronen kombiniert werden. Fleischgerichte, Saucen, Eiscreme, Obstsalat, Quarkspeisen.

Dem Luftbefeuchter und Zimmerbrunnen ein paar Tropfen ätherisches Minzeöl zugeben. Das hat gleich mehrere Vorteile: es belebt den Geist, vertreibt düstere Gedanken, bindet schlechten Geruch und bringt eine kühle Note in überhitzte Räume.

Chartreuse-Minze   Mentha x piperita var. citrata 'Chartreuse'

Die Duftenden oder Fruchtigen
(Minzen mit feinem Aroma und blumigem Duft)

Der Duft nach Limonen, Orangen, Äpfeln, Ananas oder Erdbeeren macht diese Minzen zu etwas Besonderem. Sie enthalten nur wenig Menthol, dafür andere ätherische Öle. Schon eine geringe Abweichung in der Zusammensetzung eines ätherischen Öls entscheidet, ob eine Minze nach Zitrone, Grapefruit oder Erdbeeren duftet.

Ananas-Minze
Mentha suaveolens 'Bowles'
(variegata)

Botanik Die dekorative Gartenpflanze wird 20 bis 35 cm hoch und wächst nur schwach. Die Blätter sind rundlich bis länglich, innen dunkelgrün, außen hellgelb bis weiß, ausgeprägte Blattrippen. Die Ananas-Minze ist in Rabatten eine willkommene Zierde. Die Zweige sehen sehr schön in Blumensträußen mit dunkelgrüner Minze (Schokoladen-Minze oder Mitcham-Minze) oder Buchszweigen aus. Sie setzt auch helle Akzente in Kübeln und Blumenampeln.

Geschmack Der Mentholgeschmack dominiert, leichter Zitronengeschmack, etwas bitter.

Verwendung Tee und Teemischungen. Zum Aromatisieren von Drinks mit und ohne Alkohol, für Fruchtbowlen, für Garnituren.

Apfel-Minze
Mentha suaveolens
'Apfel-Minze'

Botanik Die aufrecht wachsende Staude wird bis 60 cm hoch. Sie hat schlanke, feste Stängel und rundliche Blätter. Sie braucht viel Wasser, auch viel Licht und verträgt die Sonne gut. Sie wandert und wuchert nicht.

Geschmack feiner, milder Minz-Geschmack. Samtiger, runder Apfelduft

Verwendung Für einen fruchtigen Kindertee, für Mischgetränke mit Fruchtsaft oder als Eistee mit viel Zitrone, für Sirup. Passt gut zu Obstsalat und Eisspezialitäten.

Chartreuse-Minze
Mentha x piperita var. citrata
'Chartreuse'

Botanik Die ausdauernde, bis 70 cm hohe, krautige Pflanze hat aufrechte, verzweigte Stängel, die schwach rötlich und vierkantig sind. Die Chartreuse-Minze bildet unter- und oberirdische Ausläufer. Die kreuzgegenständigen Blätter sind kurz gestielt, eiförmig bis rundlich, am Rand nach vorne leicht gezähnt. Die Blütezeit der hellvioletten, in dichten Scheinähren stehenden Blüten ist im Juni und Juli. Die Pflanze liebt kühles Wetter.

Geschmack Feiner, unvergleichlicher Parfümduft, an Bergamotte erinnernd, leicht bitter, im Hintergrund leicht scharf.

Verwendung Teemischungen, kalte Getränke und Fruchtsaftmischungen, kalte Milchgetränke. Rohkost, Salate, Quarkgerichte, Saucen, Desserts, Gebäck, viele Süßigkeiten, Schokoladenspeisen, Sorbets.

Erdbeer-Minze
Mentha x piperita var. citrata
'Strawberry'

Botanik Die aufrecht wachsende hellgrüne Pflanze mit den zartrosa bis lila Blüten ist eine Freude für Auge und Sinne. Sie wird nur gerade 30 cm hoch und wächst sehr kompakt und dicht. Die Blätter sind sehr klein. Die Pflanze bildet unterirdische Ausläufer.

Geschmack Erinnert spontan an reife Erdbeeren, im Hintergrund aber an Minze.

Verwendung Zu Erdbeeren in allen Variationen harmoniert diese Minze besonders gut. Passt auch in andere Fruchtdesserts und in kühle Getränke wie Bowlen, Fruchtsäfte. Zum Aromatisieren von frischem Quellwasser.

Die Duftenden oder Fruchtigen

Botanik Die Pflanze wird bis 40 cm hoch. Die dicht belaubten, verzweigten Stängel sind zäh, vierkantig und rötlich angehaucht. Die fein behaarten, graugrünlichen Blätter stehen kreuzständig. Die Limonen-Minze gedeiht wunderbar im Halbschatten.

Geschmack Fruchtig, süß, mit nur leichtem Minzaroma und einem Hauch von Bergamotte, ein feiner, nicht kopierbarer Duft.

Verwendung Eignet sich für Getränke wie kühle Tees und Bowlen, Fruchtsaftmischungen, Desserts und Eisspeisen, Orangenmarmelade, Pflaumen- oder Aprikosenkonfitüre.

Limonen-Minze «Hillary's sweet Lemon»
Mentha species 'Hillary's sweet Lemon'

Botanik Dies Züchtung kommt aus Amerika. Sie wächst langsam, hat nur wenige Ausläufer und neigt zu kompaktem Wuchs. Die Blätter sind länglich gedrungen, leicht gezähnt, mit ausgeprägten Adern. Es gibt kaum eine Minze, die so spät im Frühjahr austreibt und erst im Spätherbst blüht. Die Grapefruit-Minze wird bis 80 cm hoch.

Geschmack Verblüffend echter Grapefruitschalenduft. Der Tee erfrischt, schmeckt aber nicht bitter.

Verwendung Kann in Bowlen, Obstsalat und für Cocktails verwendet werden.

Grapefruit-Minze
Mentha x piperita var. citrata 'Grapefruit'

Statt die Lebensgeister zarter Damen bei einem Ohnmachtsanfall mit Riechsalz zu wecken, räucherte man früher zur Belebung getrocknete Minzeblätter. Das wurde auch bei Gedächnisschwäche empfohlen.

Boden und Standort

In den Minzporträts kann nachgelesen werden, welchen Boden und welchen Standort die einzelnen Minze-Sorten bevorzugen.

Düngung

Die Erde vor dem Pflanzen nur sehr mäßig düngen. Denn zu viel Dünger reduziert den Gehalt an ätherischen Ölen. Den Boden ausreichend mit Kalk und Spurenelementen versorgen. Die Pflanze sollte während der Vegetationszeit regelmäßig gedüngt werden. Reifer Kompost ist ebenfalls ideal. Nach der ersten Ernte (1. Schnitt, Mitte Juni) ist in jedem Fall eine Kopfdüngung (Gießkanne mit Brause) empfehlenswert. Für die zweite Ernte (2. Schnitt) empfiehlt sich die gleiche Pflege.

Minze selber ziehen

Vermehrung (durch Stecklinge)

- **Zweig im Wasserglas bewurzeln**

Von April bis August schneidet man von der Mutterpflanze mit einem scharfen Messer 10 cm lange, gesunde Zweige mit 3 «Augen» unterhalb eines Blattknotens ab. Wenn man die Bildung der Wurzeln beobachten will, stellt man die Stecklinge in ein Glas mit frischem Wasser. Das Wasser sollte häufig gewechselt werden. Bereits nach kurzer Zeit bilden sich aus den Blattknoten zarte Wurzeln. Sobald der Steckling gut bewurzelt ist, wird er vorsichtig eingetopft.

- **Wurzelausläufer direkt eintopfen**

Die Minze kann man auch durch das Schneiden von Wurzelausläufern (Rhizome) vermehren. Dazu werden die Ausläufer in einen Topf mit einem Gemisch aus Sand und Kompost im Verhältnis 3:1 gesteckt. Vorsichtig mit Wasser überbrausen. Den Steckling mit einer durchsichtigen Haube, Folientüte oder Glas bedecken. Während 2 bis 3 Wochen gut feucht halten. Die Minze kann nicht faulen, weil das ätherische Öl antibiotische Stoffe enthält. Ab und zu etwas mehr Wasser schadet ihr überhaupt nicht. Alle paar Tage die Abdeckung für kurze Zeit entfernen, nach 3 Wochen kann sie ganz entfernt werden. Schon bald muss die Pflanze in einen größeren Topf mit nährstoffreicher Erde oder in den Garten umgepflanzt werden. Gute Minze-Nachbarn sind Karotten, Salat, Tomaten, Kartoffeln und Kohl.

- **Oberirdische Ausläufer**

Ein Ausläufer wird mit einer Klammer versenkt, so dass er mit der Erde Kontakt bekommt. Oder man deckt ihn mit Erde zu und beschwert ihn mit einem Stein. Der Ausläufer hat in kurzer Zeit Wurzeln und ist mit dem Boden verbunden. Die Verbindung zur Mutterpflanze kann dann durchgeschnitten werden.

- **Wurzelballen**

Dichte Wurzelballen werden geteilt, indem man sie auseinander zieht oder mit einem Messer oder einem scharfen Spaten durchtrennt. Der beste Zeitpunkt dafür ist September und Oktober oder März und April. Die Teilstücke werden in genügend frischer Erde eingepflanzt und gut angegossen. Gemischter Kompost fördert ein gesundes Wachstum.

Pflege

Bei feuchtem und humosem Boden baut die Pflanze ein dichtes Wurzelwerk mit sehr flachen Wurzeln auf. Das Umfeld sollte aus diesem Grund unbedingt unkrautfrei gehalten werden. Chemische Unkrautbekämpfung strikt unterlassen!
Bei Topfpflanzen darauf achten, dass das Wasser abfließen kann. Im September/Oktober, bevor sich die Blätter verfärben, werden die Stängel wenige Zentimeter über dem Boden abgeschnitten. Auf die Pflanze gibt man anschließend etwas Kompost und überdeckt sie mit Laub oder einem Flies. Töpfe an einen geschützten Ort stellen.

Wuchern oder die ausgeprägte Wanderlust

Die Neigung zum Wandern kann zum Ärgernis werden. Die Ausbreitung im Garten lässt sich aber eingrenzen. Man pflanzt die Minze-Arten in Container (jeder Kunststofftopf/-kübel oder alte Eimer mit Wasserloch ist geeignet). In die Erde wird ein entsprechend großes Loch gegraben. Ins Loch kommt zuerst eine Mischung aus Erde und Kompost, dann wird der Topf versenkt und das Ganze mit einer Mischung aus Erde und Kompost aufgefüllt. Jetzt gut wässern.
Die Minze sollte jedes Frühjahr geteilt und der Topf vor der Neubepflanzung jeweils mit frischer Erde aufgefüllt werden. Minzen müssen mindestens jedes dritte Jahr in frische Erde umgepflanzt werden.

Ernte

Pflanze vor der Blütenbildung an einem sonnigen Tag mit einem Messer schneiden. Wenn die Minzestängel (vom Tau) trocken sind, ist der Gehalt an ätherischem Öl am höchsten. Die Triebspitzen abschneiden, an der Pflanze verbleibende Blätter nach oben abstreifen. Blätter und Triebspitzen auf ein Gitter verteilen, im Schatten trocknen. Die Zweige können auch gebündelt an einem schattigen, aber luftigen Ort zum Trocknen aufgehängt werden.

Lagerung

Nach ca. 3 Tagen ist die Minze trocken. Nun kann die duftende Ernte zum Nachtrocknen in einen Korb gelegt werden. In Gläsern oder Teedosen aufbewahren. Regelmäßig kontrollieren.
Der fruchtige Anteil einiger Minzesorten wie Orangen-Minze oder Erdbeer-Minze bleibt durch den Trocknungsprozess erhalten, im Tee dominiert aber der mentholhaltige Anteil.
Frische Minze kann auch tiefgekühlt werden – das grüne Minzaroma bleibt erhalten.

Feinde der Minze

- Ein schöner, mentholresistenter Schmarotzer ist der blaugrün schillernde kleine, zierliche Minzekäfer. Er ernährt sich vom frischen Kraut. Blätter mit Fraßspuren können trotzdem geerntet und genossen werden.

- Als ernst zu nehmender Feind gilt der Minze-Rostpilz (Puccina menthael). Nur ein radikales Zurückschneiden vernichtet ihn. Verwöhnt man die Pflanze mit etwas Kompost oder Dünger, treibt sie meist wieder gesund aus.

Die gute Gesinnung

Bei guter Pflege vertreibt die Minze wirkungsvoll Erdflöhe, Ameisen und Kohlfliegen aus dem Garten.
Sie schreckt sicher unerwünschte Insekten ab oder verwirrt sie durch ihren starken Duft.

Kleine Geschichte der Gewürzgärten

- Die bei uns heimischen Kräuter wie Kümmel, Mohn und Frühformen der Petersilie wuchsen schon in den bescheidenen Urgärten der germanischen Vorfahren. Die eigentlichen Garten- und Kräuterkulturen brachten aber die römischen Legionäre über die Alpen. Nun konnte man auch nördlich der Alpen die Speisen mit Zwiebelarten, Koriander, Dill, Kressearten, Kerbel, Blattsellerie, Fenchel und Minze verfeinern. Die christlichen Mönche übernahmen ab dem frühen Mittelalter den Kräuteranbau, vor allem die Benediktiner- und Zisterzienser-Mönche befassten sich intensiv mit den Kräutern. Dazu berufen, Armen und Kranken zu helfen, bauten sie die notwendigen Kräuter in ihren Klostergärten an.

- Kreuzritter brachten weitere würz- und heilkräftige Gewächse aus dem Orient, die Seefahrer aus der «Neuen Welt» nach Mitteleuropa. Viele Kräuterarten bereicherten die Bürgergärten in den aufblühenden Städten des Mittelalters.

- Und heute? Der moderne Mensch hat die Kräuter wieder entdeckt. Für die Kulinarik wie für die Gesundheit. Am liebsten pflückt er sie gleich vor Ort, vor der Küche. Da entstehen Hochbeete mit Kräutern und Blumen, ein Kräutergarten mit steinerner Vogeltränke, Kräuter im Korb für die Terrasse. Eine besondere Attraktion ist eine Kräuterspirale – aber ohne die wuchernde Minze.

Inhaltsstoffe – Triebspitzen und Blätter

Ätherisches Öl, Monoterpene

vor allem Menthol, Menthon, Menthylacetat, 1.8-Cineol, Mentholfuran, Neomenthol, Limonen, es gibt aber auch Sorten mit Carvon und Pulegon

Flavonoide
(Menthosid, Luteolin, Rutin, Hesperidin)

Chemisch sind sie eng verwandt mit den Gerbstoffen. Sie helfen der Pflanze beim Aufnehmen des Sonnenlichts, schützen sie aber gleichzeitig vor UV-Strahlen und somit vor Verbrennung. Alle sonnenbestrahlten Teile der Pflanze enthalten viel Flavonoide (Blüten, Stängel, Blätter, Früchte und Rinden). Mit fortschreitendem Wachstum nimmt die Farbintensität und so auch der Gehalt dieser wichtigen sekundären Pflanzenwirkstoffe zu. Flavonoide schützen auch die Kapillargefäße (Haargefäße) des Menschen, indem sie sie stärken, die Durchlässigkeit erhöhen und damit Ödeme verhindern. Sie kräftigen das Herz und den Kreislauf, sind entzündungshemmend, blutdruck- und cholesterinsenkend und verbessern dadurch die Fließeigenschaft des Blutes. Sie schützen die Zellmembran und verhindern so unkontrolliertes Wachstum. Sie gleichen Strahlenschäden aus. Sie entgiften durch die entwässernde Wirkung.

Rund um den Tee

Lamiaceengerbstoffe	unter anderen auch Rosmarinsäure
freie Phenolcarbonsäure	unter anderen auch Kaffee- und Chlorogensäure
Gerbstoffe	Als keine einheitliche organische Stoffgruppe sind sie in Wasser leicht löslich. Sie dringen gut in die oberen Hautschichten ein. Die Haut zieht sich zusammen (adstringierend) und trocknet aus. Dabei verlieren die Zellen in den obersten Hautschichten des Bindegewebes Wasser. Durch das Zusammenziehen wird das Gewebe gefestigt und verdichtet und bildet eine stabile Schutzschicht. Die Haut schrumpft und die direkte Durchblutung nimmt ab. Weil sich die kleinen Gefäße abdichten, können Krankheitserreger nicht eindringen. Gerbstoffe wirken durch diese Eigenschaften entzündungshemmend, blutstillend und fördern die Wundheilung.
Bitterstoffe	
Triterpene	Ursolsäure, Oleanolsäure
Lipide	Neutralfett und freie Fettsäuren
Enzyme	Peroxydase, Katalase
Vitalstoffe	Kalium, Kalzium und B-Vitamine

Minzgetränke

Minz–Variationen
- Apfel-Minze, Grüne Minze, Limonen-Minze
- Orangen-Minze, Grapefruit-Minze, Grüne Minze
- Chartreuse-Minze, Kentucky Spearmint-Minze, Limonen-Minze
- Erdbeer-Minze, Schweizer Minze, Krause Minze

Kräutermischungen mit Minze
- Zitronenmelisse, Kentucky Spearmint-Minze, Salbei-Minze
- Zitronenmelisse, Limonen-Minze, Orangen-Minze

Einfache Mischungen
- Grüntee und Grapefruit-Minze
- Schwarztee, Marokkanische Minze oder Guernsey-Minze
- Zitronen-Verveine, Grüne Minze oder Kentucky Spearmint-Minze
- Apfelschalen, Apfel-Minze
- Zitronen-Verveine, Orangen-Minze
- Pfeffer-Minze, Rosenblütenblätter

Schweizer Minze Mentha x piperita 'Swiss Mint'

Entspannungs-Mischungen	• Pfeffer-Minze, Zitronenmelisse, Pomeranzenschalen, Hopfenzapfen, Baldrianwurzel
	• Pfeffer-Minze, Lavendelblüten, Zitronenmelisse, Fenchelfrüchte, Schafgarben
	• Pfeffer-Minze, Passionsblumenkraut, Kamillenblüten, Hopfenzapfen, Baldrianwurzel, Kümmelfrüchte
Beruhigungstee für Kinder	• Grüne Minze, Lavendelblüten, Zitronenmelisse, Passionsblumenkraut, Johanniskraut, Orangenschalen
Kindertee mit Minze	• Limonen-Minze, Apfel-Minze, Grüne Minze, Guernsey-Minze, Kentucky Spearmint-Minze, Schweizer Minze, Chartreuse-Minze, Orangen-Minze, gemischt oder einzeln
Tee für den Alltag	• Zitronenmelisse, Kentucky Spearmint-Minze, Kamillenblüten oder Rosenblütenblätter
	• Zitronen-Verveine, Pfeffer-Minze, Zitronenmelisse

Magen-Darm-Tee

50 g Pfeffer-Minze
20 g Schafgarbenblüten
20 g Fenchelsamen
10 g Kamillenblüten

Fiebertee

30 g Holunderblüten
30 g Lindenblüten
20 g Melissenblätter
20 g Minzeblätter

Blutreinigungstee

20 g Brennnesselblätter
20 g Löwenzahnblüten
20 g Schafgarbenblätter
20 g Minzeblätter
10 g Stiefmütterchenkraut
10 g Baumnuss-/Walnussblätter

Schlaftee für Kinder

20 g Zitronenmelissenblätter
20 g Passionsblumenblätter
20 g Apfel-Minze oder
     Grüne Minze
10 g Orangenblüten
10 g Kamillenblüten
10 g Schlüsselblumenblüten
10 g Lindenblüten

Minze trocknen

Siehe Kapitel «Minze selber ziehen» (Ernte), Seiten 39/40

Teezubereitung

1–2 TL frische oder getrocknete Minzeblätter mit 2½ dl/250 ml kochend heißem Wasser übergießen. 5 bis 10 Minuten ziehen lassen, absieben. Warm oder kalt trinken.

Kaltauszug

1–2 TL frische oder getrocknete, gut zerkleinerte Minzeblätter in 2½ dl/250 ml kaltes Wasser legen, 1 bis 3 Stunden zugedeckt ziehen lassen, absieben. Rasch schluckweise trinken.

Die therapeutische Wirkung von Minztee

- krampflösend (spasmolytisch) im Magen-Darm-Bereich
- verdauungsfördernd (fördert die Magensaftsekretion und beschleunigt die Magenentleerung)
- beruhigt und befreit von Blähungen
- auswurffördernd (expektorierend) bei Erkältungskrankheiten
- anregend, belebend, erfrischend
- entzündungshemmend

So zahlreich die Minzesorten, so vielseitig kann das ätherische Öl zum Wohle unserer Gesundheit eingesetzt werden. Ihre heilkräftige Wirkung verdankt die Minze dem in den Blättern enthaltenen ätherischen Öl:
- macht Bakterien, Viren und Pilzen in unserem Körper den Garaus
- anästhesiert die Magen- und Mundschleimhaut und die Haut
- deodoriert und desodoriert
- äußerlich für schmerzstillende Einreibungen (analgetische Wirkung)
- regt an, belebt, erfrischt, kühlt

Unerwünschte Nebenwirkungen
Akute Vergiftungsfälle mit Minzöl sind nicht bekannt; es kann aber in seltenen Fällen allergische Reaktionen auslösen.

Vorsicht bei Säuglingen und Kleinkindern:
Mentholhaltige Präparate dürfen nicht als konzentrierte Dämpfe zur Inhalation verwendet oder in die Nase eingerieben oder geträufelt werden, da es reflektorisch zu Atemstillstand führen kann.

Das Minzöl nicht einsetzen bei:
Verschluss der Gallenwege, bei Gallenblasenentzündungen, schwerem Leberschaden, in der Schwangerschaft und Stillzeit.

Rund ums ätherische Öl

Die entspannende Wirkung

Bei einer lokalen Anwendung von Minzöl auf der Haut, auch in geringer Menge, kommt es zur Sensibilisierung und Stimulation der Kälte- und Druckrezeptoren und zu einem lang anhaltenden Kältegefühl im aufgetragenen Bereich. Das Anregen der Kälterezeptoren unterdrückt die Weiterleitung des Schmerzes.
Beim gesunden Menschen führt das Einreiben von Minzöl zu einer erheblichen Steigerung des Blutdurchflusses in den Hautkapillaren. Bei Spannungskopfschmerzen gilt es als echte Alternative zu anderen therapeutischen Mitteln.

Die anästhesierende und analgetische Wirkung der mentholhaltigen Pflanze

(betäubend, schmerzunempfindlich machend; schmerzstillend)
Durch die Weiterleitung des Kältereizes wird die Schmerzleitung blockiert und es kommt zu einem Rückgang der Schmerzempfindung. Ätherisches Minzöl hemmt sogar die Wirkung der Botenstoffe zwischen Schmerzrezeptoren und Nerven. So konnte eine Studie im direkten Vergleich zwischen 10%igem Minzöl und Paracetamol belegen, dass beide in ihrer analgetischen Wirkung gleich gut sind. Allerdings verursacht das ätherische Öl keine Nebenwirkungen! (5 Tropfen echtes ätherisches Minzöl entsprechen 1000 Milligramm Paracetamol)

Die Minzöle

Duft	passende Öle	körperliche Wirkung	seelische Wirkung
Pfeffer-Minze frisch, grasig-minzig, mentholig, stechend	Benzoe, Eukalyptus, Lavendel, Majoran, Rosmarin, Zitrone	Hautreinigung, Hautentzündung, Erkältung, Krampfhusten, Grippe, Übelkeit, Erbrechen, Durchfall, Leber, Galleleiden, Kopfschmerzen, Migräne, Spannungen	mentale Erschöpfung, Konzentrationsmangel, Entschlusslosigkeit, Gedächtnisschwäche **Hinweis:** bei übermäßiger Nervosität ist das Öl zu meiden
Krause Minze warmer, würzig-krautiger Minzgeschmack, deutlich süßlich und erfrischend	Basilikum, Eukalyptus, Jasmin, Lavendel, Pfeffer-Minze, Rosmarin	Der Pfeffer-Minze sehr ähnlich, jedoch deutlich sanfter, eignet sich besser für die Behandlung von Kindern	deutlich weniger starke Wirkung als bei der Pfeffer-Minze
Acker-Minze mentholartig, frisch, bittersüß, minzig-scharf	Benzoe, Eukalyptus, Lavendel, Majoran, Rosmarin, Zitrone	riecht frisch und scharf, deshalb gut schleimlösend, bei Erkrankungen der Atemwege	wirkt stimulierend auf das Nervensystem, stark anregend auf den Geist
Polei-Minze ausgeprägt minzig-scharf, terpentinartig	Der hohe Anteil an Pulegon hat eine stark toxische Wirkung, die Einnahme großer Mengen kann tödlich sein!		

Einreiben: 2–3 Tropfen der 10%igen ätherischen Ölmischung in die gewünschte Hautpartie einreiben oder wenig Minzöl auf ein Taschentuch träufeln und inhalieren.

Duftlampe: Nur wenige Tropfen in das Wasser geben. Eine Überdosierung kann zu Schwindel führen.

Körperöl: Auf 1 dl/100 ml Körperöl (Aprikosenkern-, Mandel- oder Jojobaöl) 5–10 Tropfen Minzöl geben. Vorsichtig dosieren! Kühlt und erfrischt zugleich. Als Badeöl nicht geeignet, weil die Minze zu einer Unterkühlung führt.

Minzöl – Inhaltsstoffe

Ätherisches Öl

Unter ätherischem Öl versteht man flüssige organische Stoffe, die meist durch Wasserdampfdestillation aus Pflanzen gewonnen werden. Sie sind leicht «flüchtig», werden also bei Zimmertemperatur gasförmig – daher der Name «ätherisch». Sie hinterlassen keinen Ölfleck. Chemisch sind es Gemenge verschiedenartiger, meist stark riechender, stickstofffreier Verbindungen. Für den charakteristischen Geruch können auch Verbindungen verantwortlich sein, die nur in ganz geringen Mengen vorkommen. Manche ätherischen Öle durchdringen die Haut leicht und werden dabei schnell resorbiert, andere benötigen dafür sogenannte Trägeröle.

Menthol

Ist vor allem in älteren Blättern enthalten und wird bei langer täglicher Sonnenbestrahlung vermehrt gebildet. Der Duft- und Aromastoff Menthol ist die Hauptkomponente in den verschiedenen Minz- und Pfeffer-Minzölenm (vor allem Mentha arvensis und piperita-Öle). Kommerziell erhältliches Menthol stammt in den meisten Fällen aus Pfeffer-Minzölen. Der Duft ist angenehm, erfrischend, süß, «minzig», pfefferminzartig, etwas stechend oder scharf mit ausgeprägtem Kühleffekt. Verwendung: Lebensmittelindustrie (Süßwaren, Likör), Kosmetik- und Körperpflegeindustrie (Zahn- und Mundpflege, Haar- und Körperpflegemittel).

Menthon

Ist zusammen mit den Terpenen Menthofuran und Pulegon vor allem in jüngeren Blättern und Triebspitzen verschiedener Minzen enthalten und bildet sich bei kürzeren täglichen Lichtperioden. Es schmeckt bitter. Der Duft ist ebenfalls minzartig, jedoch schwächer als derjenige von Menthol. Menthon wird hauptsächlich in der Parfümindustrie zur Erzeugung von Minznoten verwendet, z. B. in Nachbildungen von Geranium-, Pfefferminz-, Rosen- oder Lavendelduft. Es ist mit dem Menthol nahe verwandt.

Carvon

Der dem Minzöl geschmacklich und chemisch sehr ähnliche Aromastoff wird hauptsächlich aus Krauser Minze und der Kentucky Spearmint-Minze gewonnen und primär als Aromastoff in Kaugummis oder Zahnpasta genutzt.

Appetitmangel	Minztee aus frischen oder getrockneten Blättern, eventuell in Kombination mit Pomeranzenschalen (orangen-/apfelsinenähnliche Zitrusfrucht) und Schafgarbenblüten. Dieser Tee ist leicht bitter und sollte ohne Zucker 30 Minuten vor dem Essen schluckweise getrunken werden. Das Menthol stimuliert die Bildung der Magensäfte.
Blähungen	Tee, Rezept Seite 45, eventuell kombiniert mit Anis-, Kümmel- oder Fenchelsamen. Bauch mit maximal 3–4 Tropfen ätherischem Minzöl einreiben.
Durchblutung der Beinvenen	Fußbad, Seite 54. Oder ein Baumwoll-/Frottétuch in gekühlten Minztee (Rezept siehe «Fußkrämpfe») tauchen, auswringen und um die Waden/Beine wickeln (Umschläge/Wickel).
Durchfall	Tee, Rezept Seite 45, eventuell kombinieren mit Malvenblüten und Spitzwegerichblättern.
Ekzem	Mit Tee, Rezept «Fußkrämpfe», abwaschen. Oder Umschläge oder Teilbad, Rezept «Fußkrämpfe». Das kühlt und lindert die Entzündung.
Fußkrämpfe, schmerzhafte	2 EL getrocknete oder 4 EL frische Minze oder 4 Teebeutel Minze mit ½ l kochendem Wasser übergießen, 5 bis 10 Minuten ziehen lassen, absieben, mit 1 Liter kaltem Wasser mischen. Für Wickel und Kompressen verwenden. Zum Abschwellen und zum Schmerzlindern.
Füße, heiß und geschwollen	Rezept «Fußbad», Seite 54. Oder Wickel/Umschläge, siehe «Fußkrämpfe».
Gallenblase, Gallenweg	Tee, Rezept Seite 45. Wenn Kühlung erwünscht, die schmerzenden Körperstellen mit Minzöl einreiben.
Haut, Pflege und Kühlung	Siehe Rezept «Badewasser», Seite 54
Husten (nur Erwachsene)	Tigerbalsam (im Handel erhältlich, enthält Minzöl) oder Löwenbalsam, Rezept Seite 54, oder Minzbalsam, Rezept Seite 54. Brust und Rücken sparsam einreiben. Erleichtert das Atmen und Abhusten. Vorsicht: der Balsam darf nicht in die Augen gelangen.

Wellness – Hausapotheke

Insekten und Ungeziefer	Pfeffer-Minzöl und Eukalyptusöl zu gleichen Teilen mischen. Diese duftende Kombination vertreibt im Haus sehr effizient Insekten und Ungeziefer.
Insektenstiche	Schmerzende und juckende Insektenstiche mit unverdünntem Minzöl einreiben. Oder eine kühlende Auflage/Wickel/Kompresse machen, siehe «Fußkrämpfe».
Ischiasschmerzen, zur Schmerzdämpfung	Tigerbalsam (im Handel erhältlich, enthält Minzöl) oder Löwenbalsam, Rezept Seite 54 oder Minzebalsam, Rezept Seite 54. Schmerzende Körperteile mit dem Balsam einreiben. Vorsicht: der Balsam darf nicht in die Augen gelangen. Oder eine kühlende Auflage/Wickel/Kompresse machen, siehe «Fußkrämpfe» (nur anwenden, wenn Kälte erwünscht).
Juckreiz	Auflage/Wickel/Kompresse machen, siehe Fußkrämpfe. Oder Heilerde für eine stärkere Wirkung mit Minztee, Seite 45, verrühren und auf die betroffene Stelle auftragen. Oder ein neutrales Speiseöl, z. B. Olivenöl oder Mandelöl, mit einigen Tropfen Minzöl mischen, sparsam auf die juckende Stelle auftragen. Vorsicht: das Öl darf nicht in die Augen gelangen. Öl nur äußerlich auftragen.
Katarrh der oberen Atemwege	Tee, Rezept Seite 45
Koliken	Tee, Rezept Seite 45. Den schmerzenden Körperteil mit Minzöl einreiben.
Kopfschmerzen	Einige Tropfen ätherisches Öl auf der betroffenen Stelle (Stirne, Schläfen, Nacken, Hinterkopf) einmassieren.
Leberbeschwerden	Den schmerzenden Körperteil mit Minzöl einreiben oder eine kalte oder warme Kompresse mit Minztee machen (siehe «Fußkrämpfe»).
Magen-Darm-Beschwerden	Tee, Rezept Seite 45, eventuell kombiniert mit Kamillenblüten, Zitronenmelisseblättern, Malvenblüten, Schafgarben und Süßholz.
Migräne	Tigerbalsam (im Handel erhältlich, enthält Minzöl) oder Löwenbalsam, Rezept Seite 54, oder Minzbalsam, Rezept Seite 54. Stirne und Schläfen mit dem Balsam einreiben. Das Minzöl kühlt und belebt zugleich über die Nase. Es hemmt die Bildung von Schmerzstoffen, verbessert die Durchblutung der Haut und entspannt zugleich die Muskulatur. Vorsicht: der Balsam darf nicht in die Augen gelangen.
Mund und Rachen, Schleimhautentzündung	Zum Gurgeln Tee, Rezept Seite 45, auch in Kombination mit Kamillenblüten, Malvenblüten, Ringelblumenblüten, Salbeiblättern und/oder Thymiankraut.

Mundgeruch	Siehe «Mund und Rachen», Seite 51
Muskelschmerzen	Tigerbalsam (im Handel erhältlich, enthält Minzeöl) oder Löwenbalsam, Rezept Seite 54, oder Minzbalsam, Rezept Seite 54. Schmerzende Stellen sparsam mit dem Balsam einreiben. Verbessert die Durchblutung der Haut und entspannt zugleich die Muskulatur. Vorsicht: der Balsam darf nicht in die Augen gelangen.
Nervenberuhigung	Tee, Rezept Seite 44, eventuell kombiniert mit Hopfenzapfen, Orangenblüten und Zitronenmelisseblättern.
Nervenschmerzen	Tigerbalsam (im Handel erhältlich, enthält Minzeöl) oder Löwenbalsam, Rezept Seite 54, oder Minzbalsam, Rezept Seite 54. Schmerzende Stelle mit dem Balsam einreiben. Vorsicht: der Balsam darf nicht in die Augen gelangen. Oder Wickel/Umschläge/Kompressen machen (siehe «Fußkrämpfe»).
Nesselausschlag	Tigerbalsam (im Handel erhältlich, enthält Minzeöl) oder Löwenbalsam, Rezept Seite 54, oder Minzebalsam, Rezept Seite 54. Befallene Stellen sparsam mit Balsam einreiben. Vorsicht: der Balsam darf nicht in die Augen gelangen. Für Kinder ein neutrales Öl, z. B. Oliven- oder Mandelöl, mit max. 2 Tropfen Minzöl mischen, sparsam auf gerötete, gereizte Stelle auftragen. Oder Wickel/Umschläge/Kompressen machen (siehe «Fußkrämpfe»).
Neuralgie	siehe «Nervenschmerzen»
Oberbauchschmerzen	Tee, Rezept Seite 45. Wickel/Umschläge/Kompressen machen (siehe «Fußkrämpfe»). Für Kinder ein neutrales Öl, z. B. Olivenöl oder Mandelöl, mit max. 2 Tropfen Minzöl mischen, sparsam auf die schmerzende Stelle auftragen. Erwachsene können den Oberbauch mit 3–4 Tropfen unverdünntem Minzöl einreiben. Vorsichtig dosieren, denn mehr Tropfen sind unverträglich (zu starke Kühlung und Belastung des Kreislaufs).

Prellung, Quetschungen, Verstauchungen	Wickel/Umschläge/Kompressen machen («siehe Fußkrämpfe»). Kann auch kombiniert werden mit Beinwelltinktur oder Ringelblumenblütentee oder Ringelblumenblütentinktur.
Rheuma	Tigerbalsam (im Handel erhältlich, enthält Minzöl) oder Löwenbalsam, Rezept Seite 54, oder Minzbalsam, Rezept Seite 54. Schmerzende Körperteile mit dem Balsam einreiben. Vorsicht: der Balsam darf nicht in die Augen gelangen.
Schwellungen	Wickel/Umschläge/Kompressen (siehe «Fußkrämpfe»)
Sommerhitze	Zur Kühlung das frische Kraut direkt auf die Haut reiben. Verträglichkeit zuerst prüfen, indem man es an einer empfindlichen Stelle einreibt.
Sonnenbrand	Ein neutrales Öl wie Olivenöl oder Mandelöl mit einigen Tropfen Minzöl mischen, sorgfältig und sparsam auf die betroffenen Stellen auftragen. Die übermäßige Hitze wird bald verschwinden. Kompressen/Wickel/Umschläge (siehe «Fußkrämpfe»)
Verbrennungen	siehe «Sonnenbrand»
Verspannungen	Zur allgemeinen Entspannung, gegen Müdigkeit oder bei verspanntem Schulter-/Nackenbereich die betroffene Körperpartie eine Minute lang massieren. Danach den Bereich mit Rosenblütenwasser/-Hydrolat oder Wasser anfeuchten, 3–4 Tropfen Minzöl darüber streichen. Mit einem Fächer abwedeln oder darüber blasen. Danach eine Decke oder ein warmes Tuch darüber legen. Zuerst entsteht eine starke Kühlung, danach wird es wohlig warm. Je nach Menge des ätherischen Öls wird die Kühlung und Wärme unterschiedlich stark empfunden.
Verstauchungen	siehe «Prellungen und Quetschungen»
Wadenkrämpfe	siehe «Fußkrämpfe»
Zahnschmerzen	Ein Tropfen Minzöl auf die schmerzende Stelle einreiben. Lindert den Schmerz und kühlt (nur bei Erwachsenen anwenden). Oder ein Säckchen mit getrockneten Minzblättern auf die Wange legen. Verträglichkeit prüfen!

Badewasser

2 l starker Minztee
½ Tasse Blütenhonig nach Belieben
wenig Rahm oder Olivenöl

Zutaten in das warme Badewasser geben, gut verrühren.

Als erfrischendes Bad bei heißer Witterung gut geeignet. Bei Fieber keinesfalls anwenden. Siehe auch «Badewasser», Seite 47.

Löwenbalsam

20 ml Johanniskraut-Ölauszug
3 g Bienenwachs
2 g Lanolin (anhydrit)

20 Tropfen Pfeffer-Minzöl
20 Tropfen Lavendelöl
20 Tropfen Rosmarinöl
20 Tropfen Salbeiöl
20 Tropfen Thymianöl
20 Tropfen Wacholderöl

Öl, Bienenwachs und Lanolin in einem sauberen Glas im heißen Wasserbad schmelzen. Glas aus dem Wasser nehmen und die Masse etwas auskühlen lassen.

Arm- und Fußbad

5 TL getrocknete Minze oder
5 EL frische Minze
oder einige Tropfen Pfeffer-Minzöl
wenig Rahm oder Olivenöl oder
Mandelöl oder Honig

Getrocknete oder frische Minze mit 2 l heißem Wasser übergießen, 7 bis 10 Minuten ziehen lassen, abseihen.

Jetzt alle ätherischen Öle in die flüssige Wachsmischung träufeln. Mit Glasstab oder Spatel gut mischen. Sollte die Salbe vor dem Beifügen der Öle fest werden, erneut kurz ins warme Wasser stellen. Achtung: nicht zu lange erhitzen, sonst verflüchtigen sich die Öle.
Die noch flüssige Salbe in kleine Salbendöschen füllen und stehen lassen, bis die Salbe fest ist, die Döschen beschriften und mit Datum versehen. Haltbarkeit: 6 Monate
Salbenfarbe
Durch das Johanniskrautöl wird die Salbe leuchtend rot.

Minzbalsam

25 ml Mandelöl oder Pflanzenöl
3 g Bienenwachs
2 g Lanolin (anhydrit)
5 ml ätherisches Minzöl (50 Tropfen)

Öl, Bienenwachs und Lanolin in einem sauberen Glas im Wasserbad schmelzen. Herausnehmen, die Masse etwas abkühlen lassen. Das ätherische Minzöl in die flüssige Wachsmischung träufeln. Mit Glasstab oder Spatel gut mischen.
Flüssige Salbe in kleine Salbendöschen füllen, stehen lassen, bis die Salbe fest ist, das Döschen beschriften und datieren.
Haltbarkeit: 6 Monate

Adressen

Schweiz

FREI Weinlandstauden AG
Breitestraße 5
8465 Wildenbuch
über 100 Minzearten und Minzesorten
Minzesammlung
Fon +41 (0)52 319 12 30
Fax +41 (0)52 319 10 05
Mail: info@frei-weinlandstauden.ch
www.frei-weinlandstauden.ch

Deutschland

Pfefferminzmuseum
Parkstraße 43, 82223 Eichenau
www.minzmuseum.de
Öffnungszeiten: Sonntags von 14 bis 16 Uhr
Der Eintritt in das Museum ist frei.

www.minzen.com
Umfangreiche private Website zum Thema Minze

Hier finden Sie viele verschiedene Minze-Sorten:

Rühlemann's Kräuter & Duftpflanzen
Auf dem Berg 2, 27367 Horstedt
Fon +49 (0) 42 88/92 85 58, Fax 92 85 59
Mail: info@ruehlemanns.de
www.ruehlemanns.de

Calendula Kräutergarten –
Zauberhafte Kräuterwelten
Storchshalde 200, 70378 Stuttgart-Mühlhausen
Fon +49 (0)7 11/53 06 94 73, Fax 5 30 29 42
Mail: info@calendula-kraeutergarten.de
www.calendula-kraeutergarten.de

Syringa
Duftpflanzen und Kräuter
Bachstraße 7, 78247 Hilzingen-Binningen
Fon +49 (0) 77 39/14 52, Fax 677
Mail: info@syringa-samen.de,
www.syringa-samen.de

Hof Berg-Garten GbR
Großherrischwand, Lindenweg 17
79737 Herrischried
Fon +49 (0) 77 64/239, Fax 215
Mail: info@hof-berggarten.de
www.hof-berggarten.de

Staudengärtnerei Gaissmayer
Jungviehweide 3, 89257 Illertissen
Fon +49 (0) 73 03/72 58, Fax 42 181
Mail: info@staudengaissmayer.de
www.gaissmayer.de
www.mentha.de

Sortiments- und Versuchsgärtnerei Simon
Staudenweg 2, 97828 Marktheidenfeld
Fon +49 (0) 93 91/35 16, Fax 21 83
Mail: info@gaertnerei-simon.de
www.gaertnerei-simon.de

Österreich

Gartenbau Wagner
Gutendorf 36, 8353 Kapfenstein
Fon +43 (0) 31 57/23 95, Fax 26 07
Mail: mail@gartenbauwagner.at
www.gartenbauwagner.at

Die Liste erhebt keinen Anspruch auf Vollständigkeit!
Fragen Sie auch in der Gärtnerei in Ihrer Nähe!

58	**Rohes Gemüse** in süßer Begleitung
60	**Weiß und Rot** – Bitter und Süß
62	**Gebratene Schwarzwurzeln** mit Minz-Raita
64	**Buntes Gemüse** im Minzgelee
66	**Ziegenfrischkäse** im Minzmantel
68	**Grünes Couscous** auf Harissa-Tomatencoulis
70	**Karottenpüree** mit Minze-Erbsen
72	**Teigwaren mit Schabziger**
74	**Mangoldwickel** in aufgeschlagener Gemüsebrühe
76	**Chilinudeln** mit Minze-Erbsen und Frühkarotten
78	**Grüne Agnolotti mit Kürbisfüllung**

Kalte und warme Starter

Marrokanische Minze   Mentha Spicata 'Marokko'

2 Äpfel, Maigold oder Idared
4 Stangen von einem
Stangen-/Staudensellerie
1 rundbauchiger Fenchel
1 kleiner Kohlrabi
50 g geröstete Cashewkerne

Dressing
1 dl/100 ml Apfelsaft
4 EL Nussöl
2 EL Minzessig, Seite 128
½ TL frisch gemahlener
schwarzer Pfeffer

4 Zweige Marokkanische Minze

1 Äpfel mit Schale vierteln, das Kerngehäuse entfernen, Apfelviertel in feine Spalten schneiden. Stangensellerie schräg in Scheiben schneiden. Fenchel längs in hauchdünne Scheiben schneiden. Kohlrabi schälen und in Stäbchen schneiden, etwas dicker als Zündhölzer.

2 Gemüse und Äpfel gefällig auf Tellern anrichten, mit den Cashewkernen und der gezupften Minze garnieren, mit Pfeffer bestreuen. Dressing separat servieren.

Fenchel Der rundbauchige Fenchel ist zarter und hat mehr Geschmack als der flach gewachsene Fenchel.

Rohes Gemüse
in süßer Begleitung

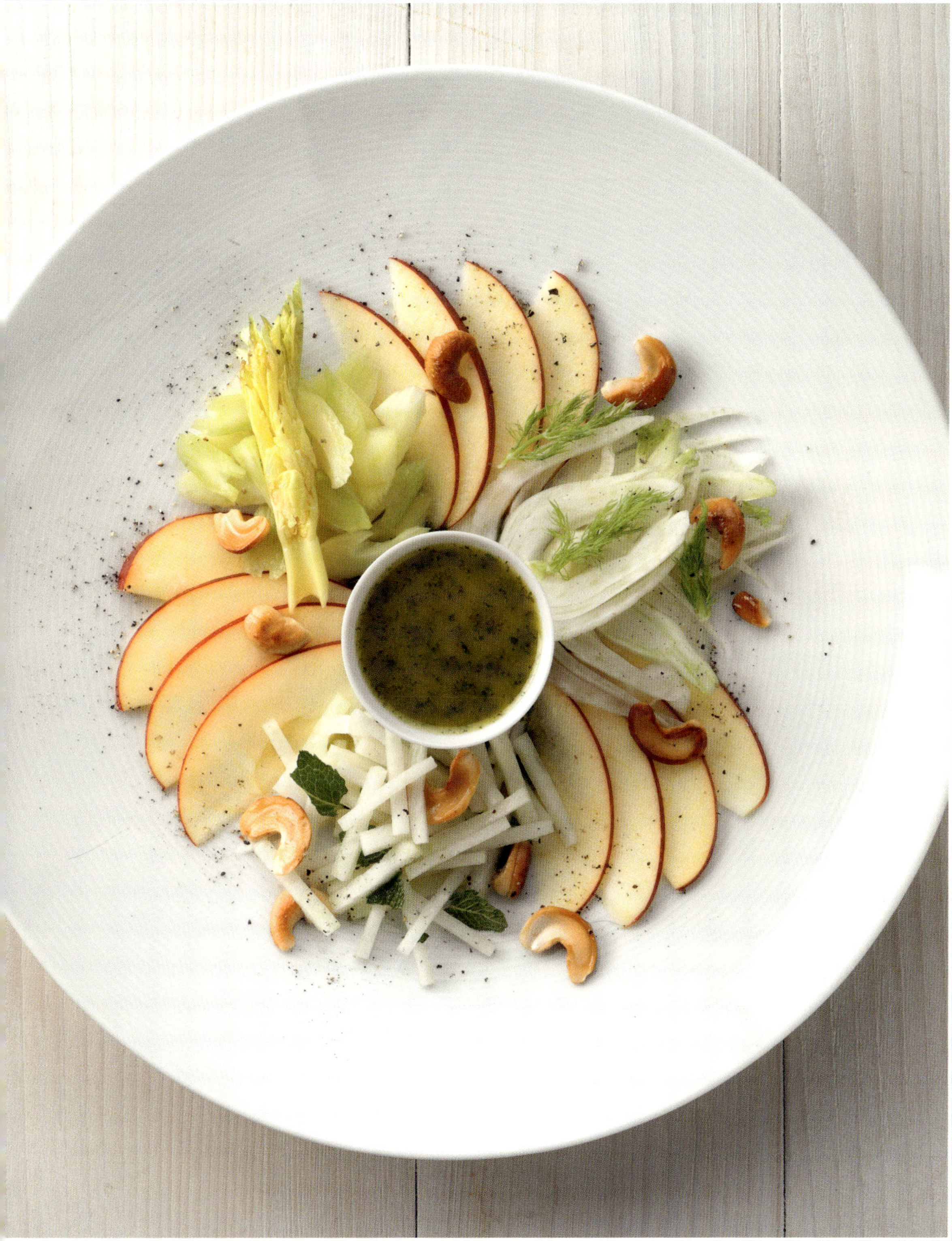

2 Trevisano/ Radicchio di Treviso
2 Brüsseler Endivien/
weißer Chicorée
2 Blondorangen

Sauce

1 dl/100 ml Gewürztraminer oder
Apfelsaft
aufgefangener Orangensaft
wenig getrocknete Arabische Minze
(Gewürzladen)
½ EL Olivenöl extra nativ
50 g Speckstreifen
1 TL Honig
1 EL Orangenöl*
½ EL alter Apfelessig
1 Prise Cayennepfeffer

1 Die Orangen großzügig schälen, auch die weiße Haut entfernen, Schnitze aus den Trennhäutchen schneiden, dabei den Saft auffangen.

2 Getrocknete Minze in eine Schüssel geben, Gewürztraminer und aufgefangenen Orangensaft aufkochen, über die Minze gießen, zugedeckt etwa 10 Minuten ziehen lassen.

3 Die Speckstreifen in einer Bratpfanne im Olivenöl knusprig braten, mit dem Orangenfond ablöschen, Honig, Orangenöl und Essig zugeben, mit Cayennepfeffer abschmecken.

4 Trevisano und Brüsseler Endivie in die einzelnen Blätter zerlegen, mit den Orangenschnitzen in Schalen stellen, Sauce darüber träufeln.

Tipp Wenn Speck im «Spiel» ist, Hände weg von Salz!

Orangenöl Für die Herstellung des Orangenöls werden halbreife Oliven in Bioqualität mit ungeschälten biologischen Orangen gepresst. Das Öl mit der feinen fruchtigen Duftnote kann sehr individuell zum Abrunden von Speisen eingesetzt werden. Nebst fruchtigen Salaten harmoniert es auch mit Fisch und Geflügel.

Weiß und Rot – Bitter und Süß

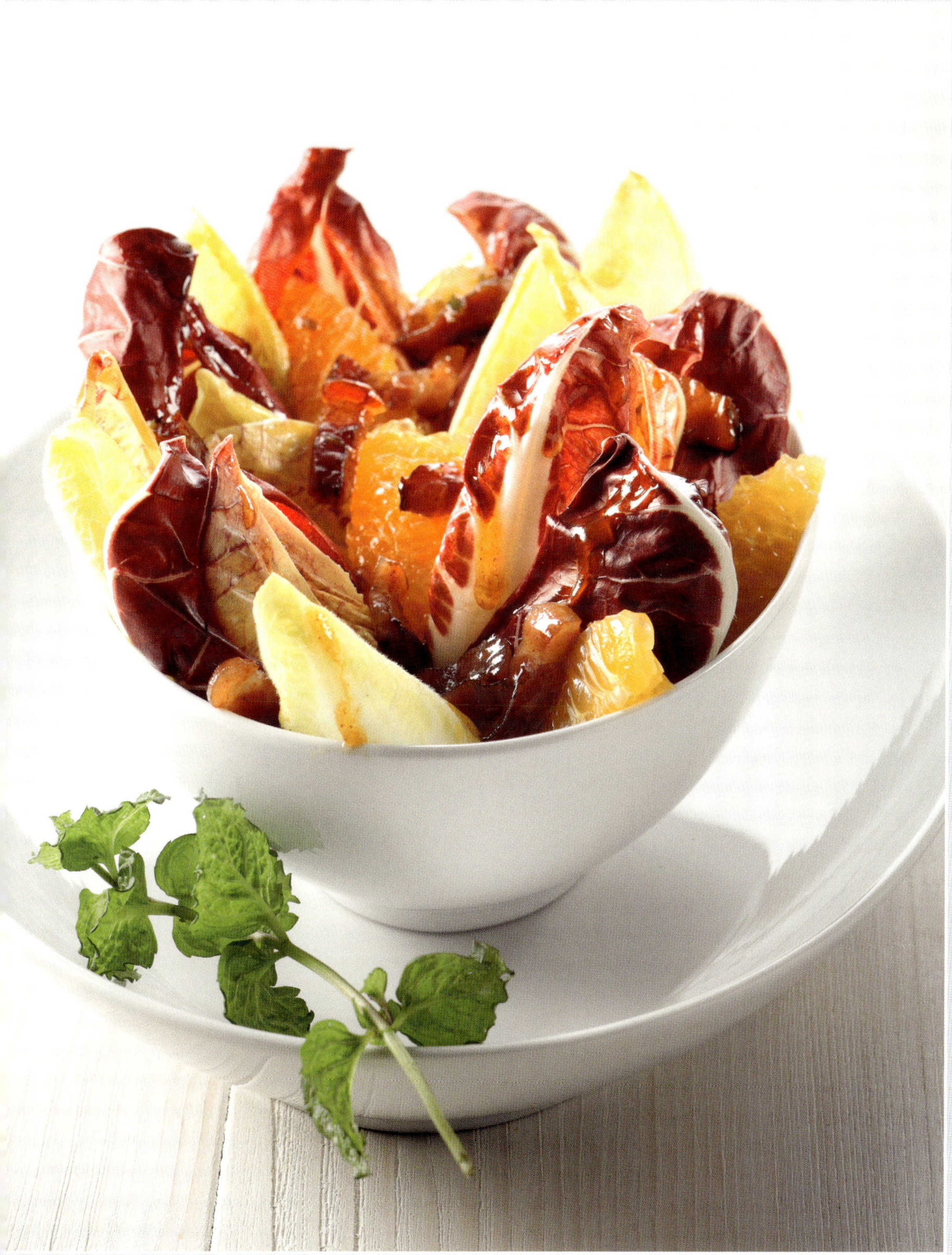

Schwarzwurzeln
8 möglichst dünne Schwarzwurzeln
½ dl / 50 ml Milch
2 EL Traubenkernöl
½ TL Fleur de Sel
20 rosa Pfefferkörner
20 getrocknete grüne Pfefferkörner
10 Szechuan-Pfefferkörner

Minz-Raita
1 Becher Schafmilchjogurt
3 Zweige Maltesische Minze,
Blätter abgezupft
frisch gemahlener weißer Pfeffer
wenig Fleur de Sel

1 Für die Raita die Blätter der Minze abzupfen und fein hacken, unter den Jogurt rühren, würzen.

2 Die Milch mit 2 dl / 200 ml Wasser in eine Schüssel geben. Schwarzwurzeln mit einer Gemüsebürste unter fließendem Wasser waschen, schälen und ins Milchwasser legen. Die Schwarzwurzeln quer halbieren, im Salzwasser blanchieren, abgießen und trocknen, im Traubenkernöl blond braten, Pfefferkörner zugeben, mit Fleur de Sel abrunden.

Tipp Die Raita wird oft zu scharfen Speisen serviert, weil sie im Gaumen die Schärfe neutralisiert.

Gebratene Schwarzwurzeln
mit Minz-Raita

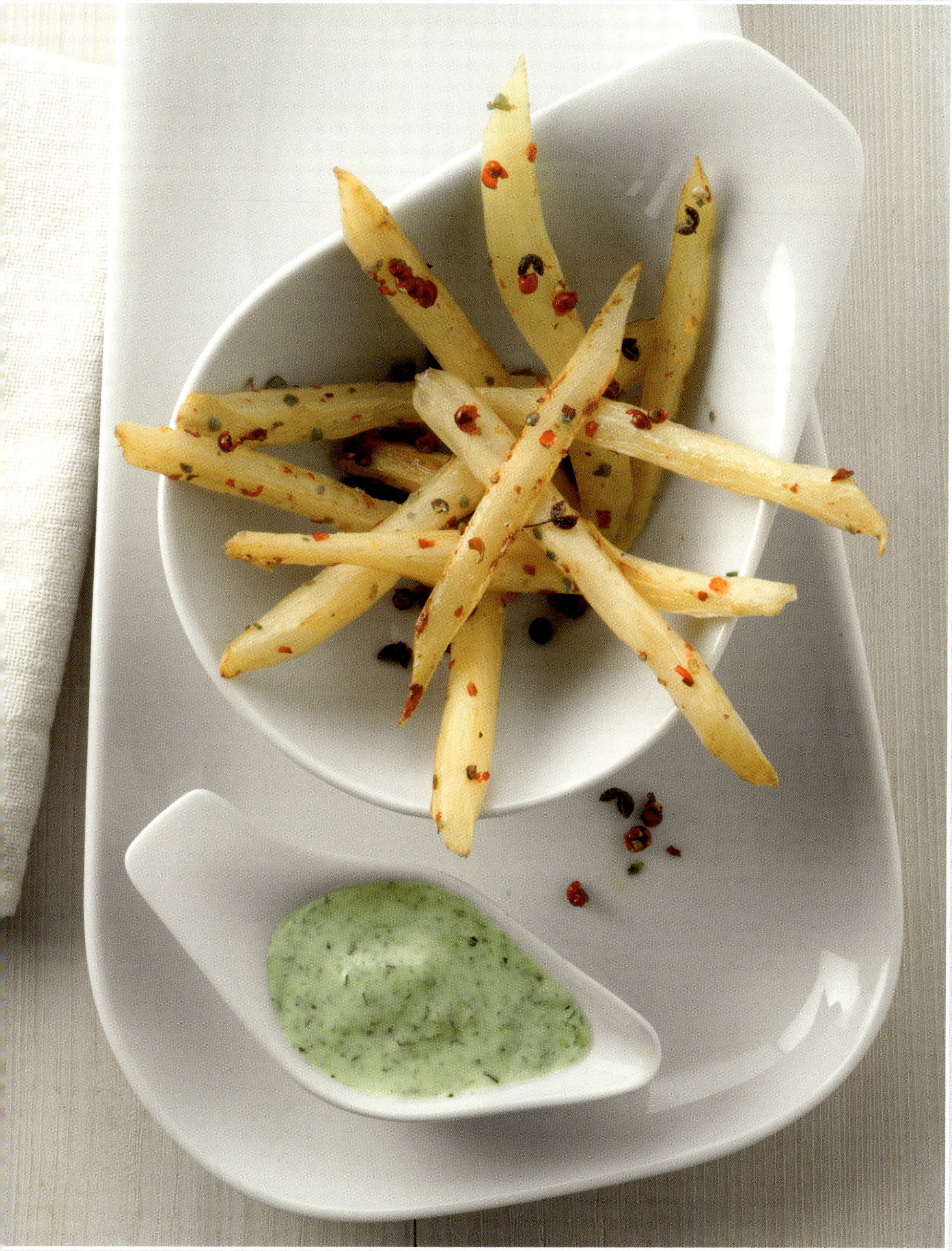

für 1 Terrine von 1 Liter Inhalt

Terrine

2 Stangen von einem Stangen-/
Staudensellerie
2 schmale Karotten/Möhren, 100 g
100 g Pfälzer Rüben/gelbe Rüben
je 1 grüner und gelber Zucchino
4 Cocobohnen (breite Bohnen)
2 Zweige Englische Minze, Blättchen
abgezupft und grob gehackt
½ l Minzfond, Seite 129
3 g Agar-Agar-Pulver
(Reformhaus/Bioladen)

Jogurtsauce

½ Becher Naturjogurt
4 EL saurer Halbrahm/saure Sahne
2 EL Ingwerbrunoise
(1 mm große Würfelchen)
½ entkernte, fein gehackte
rote Chilischote
1 EL Minzlikör, Seite 131
1 Prise Cayennepfeffer
1 EL gehackte Pistazien
frisch gemahlener Pfeffer, Meersalz

Rotkohl- und Brokkolisprossen
oder andere farbige Sprossen
Chartreuse-Minze

1 Agar-Agar-Pulver mit 1 dl/100 ml Minzfond verrühren. Den restlichen Fond aufkochen, Agar-Agar-Flüssigkeit einrühren, bei schwacher Hitze 5 Minuten kochen.

2 Karotten und Pfälzer Rüben schälen. Gemüse, ohne Cocobohnen, je nach Dicke/Durchmesser längs halbieren oder vierteln, in Scheiben schneiden. Bohnen schräg in Stücke schneiden. Karotten, Pfälzer Rüben und Cocobohnen im Dampf knackig garen, kalt abschrecken.

3 Gemüse und Minze bunt gemischt in die Terrinenform schichten, mit dem Minzfond auffüllen. Im Kühlschrank 2 bis 3 Stunden kühlen.

4 Die Jogurtsauce auf Teller verteilen. Die Terrine portionieren, mit den Sprossen und der Minze auf der Sauce anrichten.

Buntes Gemüse
im Minzgelee

Kalte und warme Starter

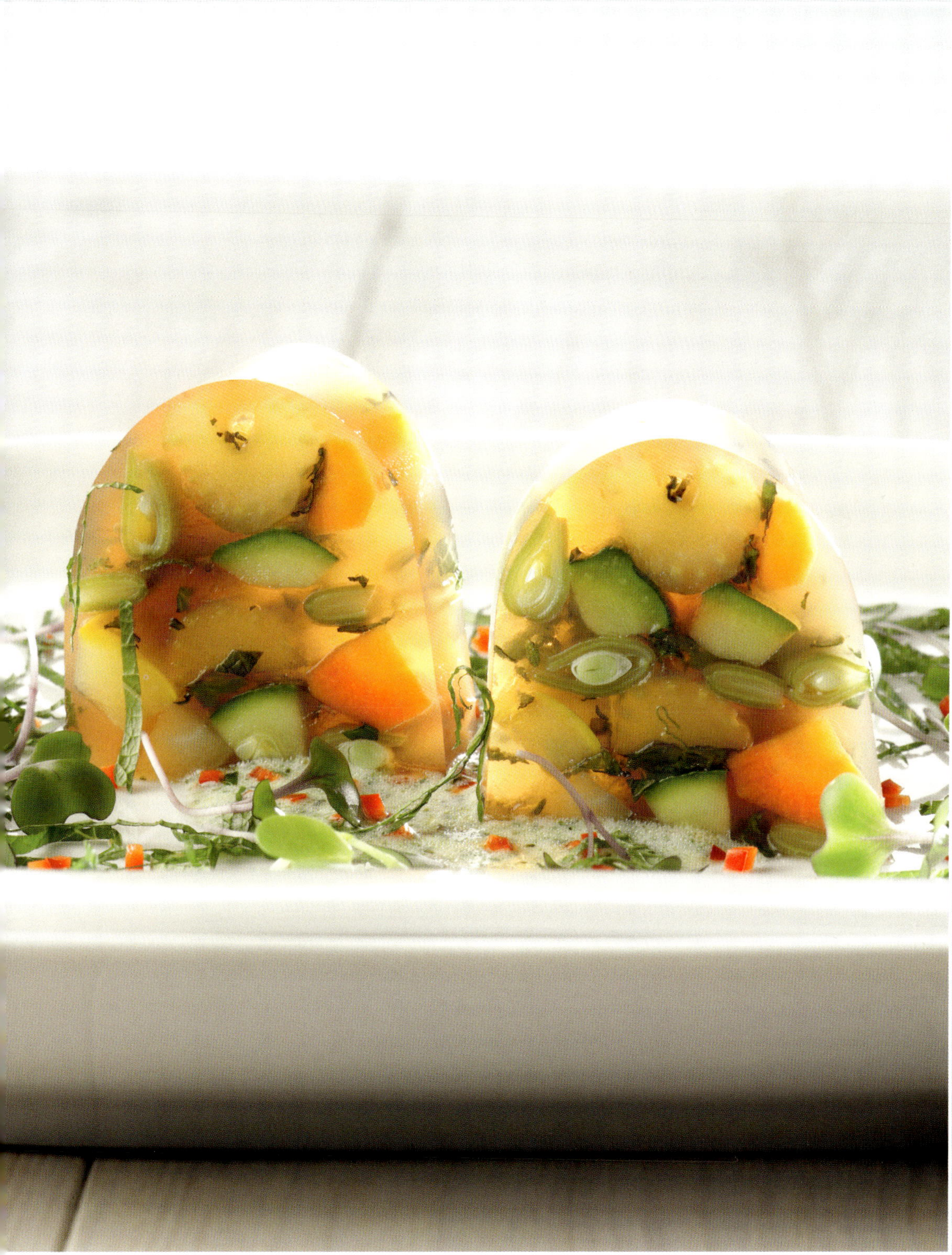

2 Ziegenfrischkäse, je 150 g
1 entkernte, gehackte rote Chilischote
1 Zweig Arabische Minze, Blättchen abgezupft und fein gehackt
4 Zweige Krause Minze

Cherrytomaten am Zweig
3 EL Olivenöl extra nativ

2 gelbe Peperoni/Paprikaschoten
2 rote Peperoni/Paprikaschoten
½ TL Fleur de Sel
frisch gemahlener schwarzer Pfeffer
2 TL Minzessig, Seite 128
3 EL geröstete Pinienkerne

2 EL Minzöl, Seite 128

1 Den Backofen auf 120 °C vorheizen.

2 Cherrytomaten auf ein Blech legen, mit ein wenig Olivenöl beträufeln, mit Fleur de Sel bestreuen. Im Ofen bei 120 °C schmoren, bis die Haut schrumplig ist. Auskühlen lassen.

3 Die Peperoni mit dem Sparschäler schälen, halbieren, Stielansatz und Kerne entfernen, Schotenhälften in kleine Würfel schneiden. In einer flachen Pfanne (Sauteuse) im restlichen Olivenöl knackig dünsten, mit Fleur de Sel und Pfeffer würzen, mit dem Minzessig abrunden, die Pinienkerne untermischen.

4 Ziegenfrischkäse mit einer Gabel zerdrücken, mit Chili und Arabischer Minze mischen.

5 Peperonimix kreisförmig auf Teller verteilen, einen Ausstechring von 5 cm Durchmesser auf den Peperonimix legen, Ziegenfrischkäse etwa 4 cm hoch einfüllen, Form entfernen, die Krause Minze von den Stielen zupfen und grob hacken, vorsichtig an den Ziegenfrischkäse drücken, mit Minzöl beträufeln, Cherrytomaten dazu legen.

Ziegenfrischkäse Am würzigsten ist er von Frühling bis Herbst, wenn die Ziegen im Freien auf der Wiese sind.

Ziegenfrischkäse
im Minzmantel

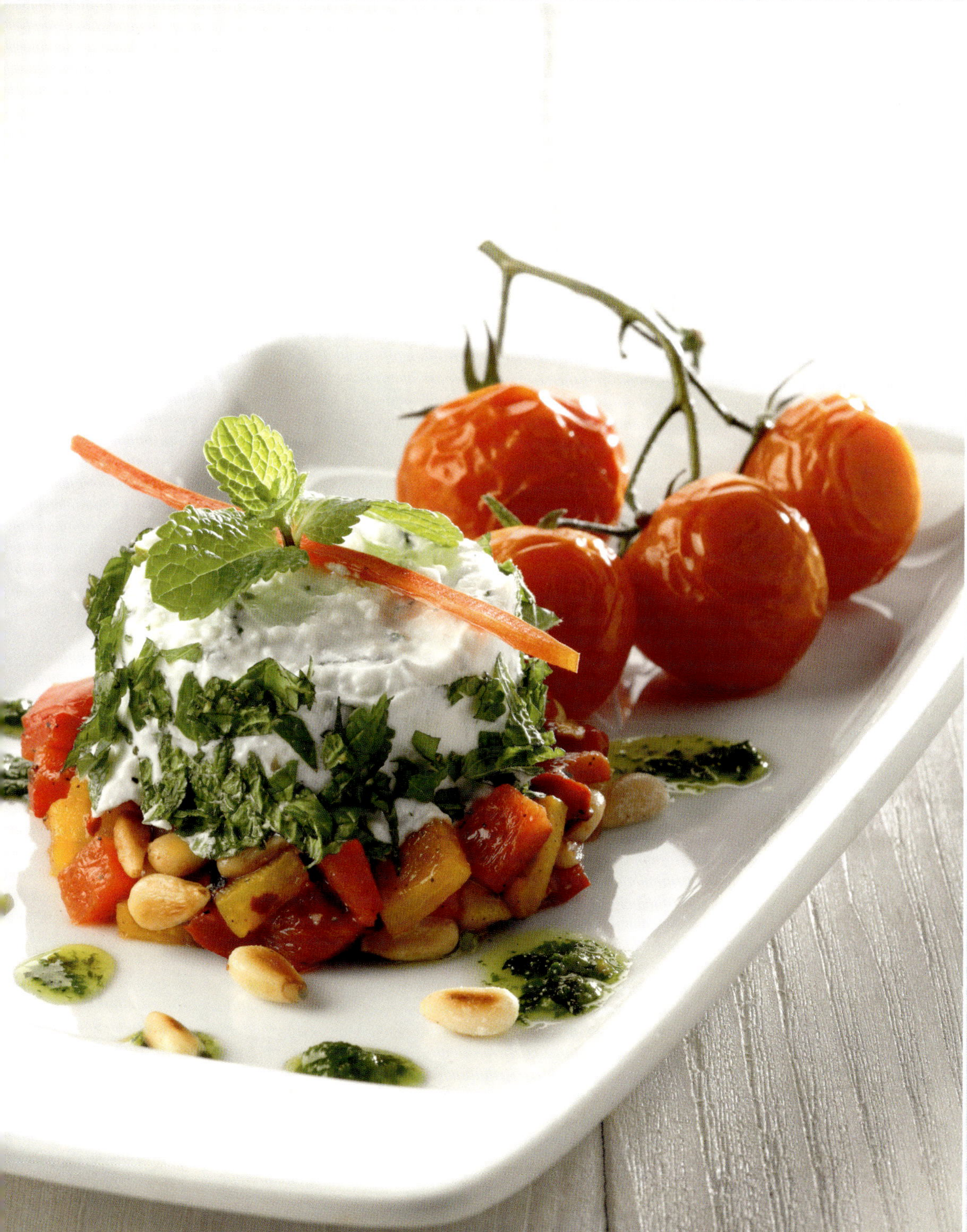

80 g Couscous, nicht vorbehandelt
1 EL Olivenöl extra nativ
1 TL Meersalz
1 l Minzfond, Seite 127
1 EL Olivenöl extra nativ
1 kleine Zwiebel, gehackt
1 grüner Peperoni/Paprikaschote
1 Zucchino
100 g fein geschnittener kleinblättriger Spinat
2 EL Rotweinessig
½ EL Kräutersalz
frisch gemahlener schwarzer Pfeffer
1 Bund Marokkanische Minze, Blätter abgezupft und gehackt
Minzespitzen für die Garnitur

Harissa-Tomatencoulis
2 EL Olivenöl extra nativ
5 Strauchtomaten
2 geschälte, zerdrückte Knoblauchzehen
½ EL Tomatenpüree
1 TL Harissa
1 TL Fleur de Sel
1 TL zerdrückte Kreuzkümmelsamen
½ TL Akazienhonig

1 Couscous auf die Arbeitsfläche streuen, mit ein wenig kaltem Wasser besprühen, sorgfältig einkneten, so lange mit Wasser bespritzen und einkneten, bis das Couscous feucht und körnig ist. Das dauert etwa 8 Minuten. Das Olivenöl nach und nach darüber träufeln, mit dem Meersalz in das Getreide einarbeiten, damit es nicht zusammenklebt. In ein feuchtes Tuch einschlagen. Minzfond aufkochen. Couscous in einen Dampfaufsatz legen, über Dampf 10 Minuten garen.

2 Peperoni schälen, halbieren, entkernen, Zucchino beidseitig kappen, Gemüse in Würfelchen schneiden. Olivenöl erhitzen, Zwiebeln glasig dünsten, Gemüse zugeben und bei mittlerer Hitze 5 Minuten rührbraten.

3 Spinat und Couscous in einer Schüssel mischen, mit Essig, Kräutersalz, Pfeffer und Marokkanischer Minze abrunden.

4 Tomaten schälen, vierteln, entkernen. Die Kernmasse hacken, mit 1 dl/100 ml Wasser auf mittlerer Stufe 15 Minuten kochen, in ein Sieb abgießen, mit leichten Druck durch das Sieb laufen lassen. Tomatenviertel hacken, leicht salzen, in einem Sieb abtropfen lassen. Das Olivenöl in einer Bratpfanne erhitzen, den Knoblauch beigeben und hellbraun rösten, Tomatenpüree zugeben und kurz mitrösten, mit passiertem Tomatenjus und abgetropftem Saft ablöschen Die gehackten Tomaten beigeben, bei mittlerer Hitze zu einer Paste einkochen lassen, mit Fleur de Sel und Kreuzkümmel würzen, mit dem Honig abrunden.

5 Vom Couscous Klößchen abstechen und auf vorgewärmten Tellern anrichten, mit dem Tomatencoulis umgeben.

Harissa Nordafrikanische Gewürzpaste aus Chilischoten, Kreuzkümmel, Meersalz und Olivenöl.

Grünes Couscous
auf Harissa-Tomatencoulis

Kalte und warme Starter

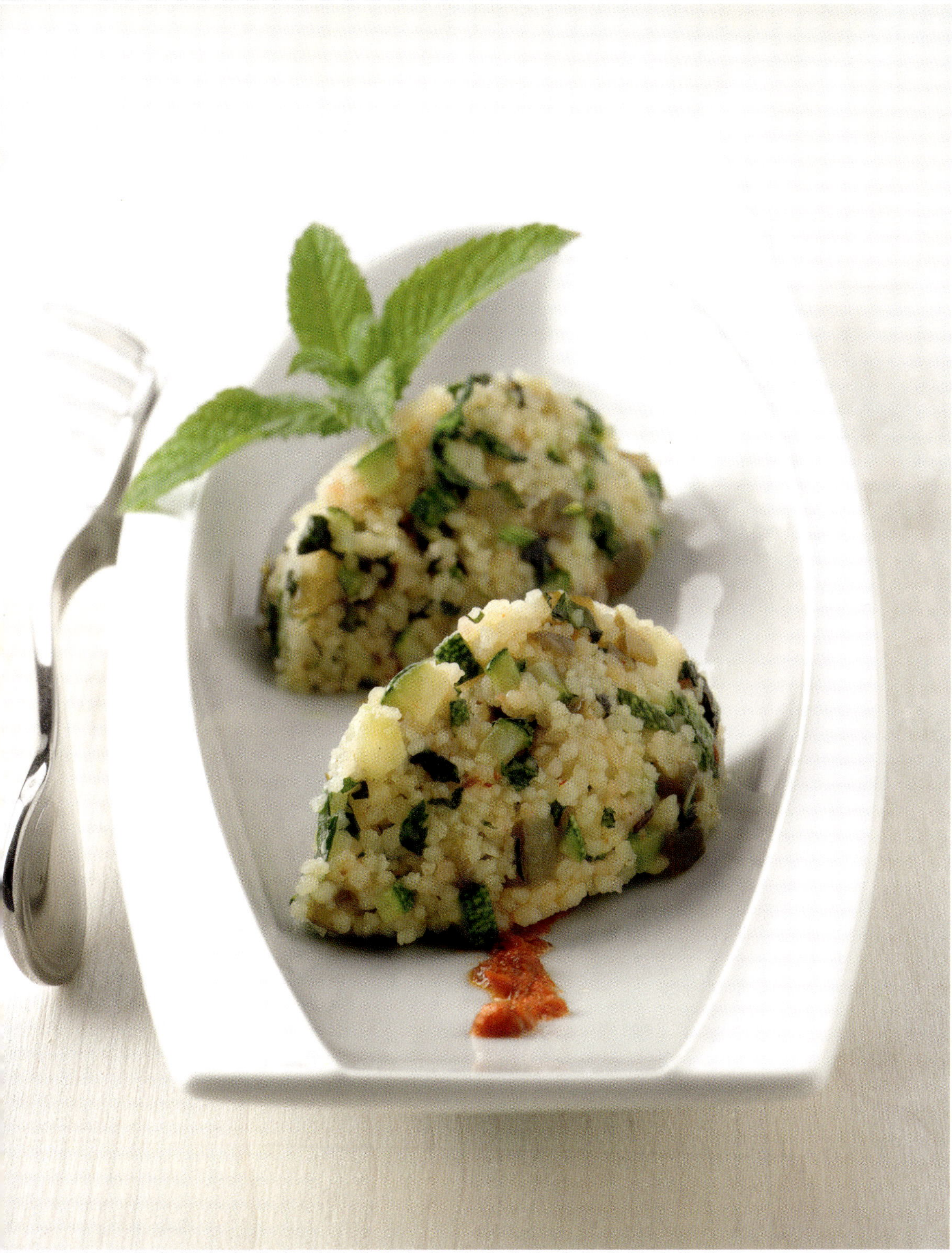

Karottenpüree

500 g Karotten/Möhren
3 dl/300 ml Karotten-/Möhrensaft
2 Schalotten, gehackt
1 EL Tandooripaste
½ TL Gemüsebrühepulver

Orientalisches Fladenbrot, Seite 135

Minze-Erbsen

4 EL Minzfond, Seite 129
1 kleine Zwiebel, fein gehackt
wenig frisch geriebener Ingwer
200 g feine Erbsen
1 TL Butter
1 Prise Zucker
½ TL Fleur de Sel
frisch gemahlener schwarzer Pfeffer
2 Zweiglein Englische Minze

Englische Minze für die Garnitur

1 Karotten schälen und zerkleinern, im Dampf 2 bis 3 Minuten garen. Karottensaft, Schalotten, Tandooripaste und Gemüsebrühepulver aufkochen, Karotten zugeben, bei mittlerer Hitze kochen, bis die Karotten weich sind. Grob pürieren.

2 Die Minzeblättchen von den Zweiglein zupfen und in feine Streifen schneiden.

3 Minzfond, Zwiebeln und Ingwer aufkochen, Erbsen zum Fond geben und schwenken, bis sie heiß sind, mit Butter, Zucker, Salz und Pfeffer abschmecken, Minze unterrühren.

4 Karottenpüree ringförmig auf vorgewärmten Tellern anrichten, Erbsen in die Mitte geben. Mit dem Fladenbrot servieren.

Erbsen Nur gartenfrisch verwenden. Der Zucker wird schnell in Stärke umgewandelt, was die Erbsen mehlig und bitter macht. Eine gute Alternative sind tiefgefrorene Erbsen.

Karottenpüree
mit Minzerbsen

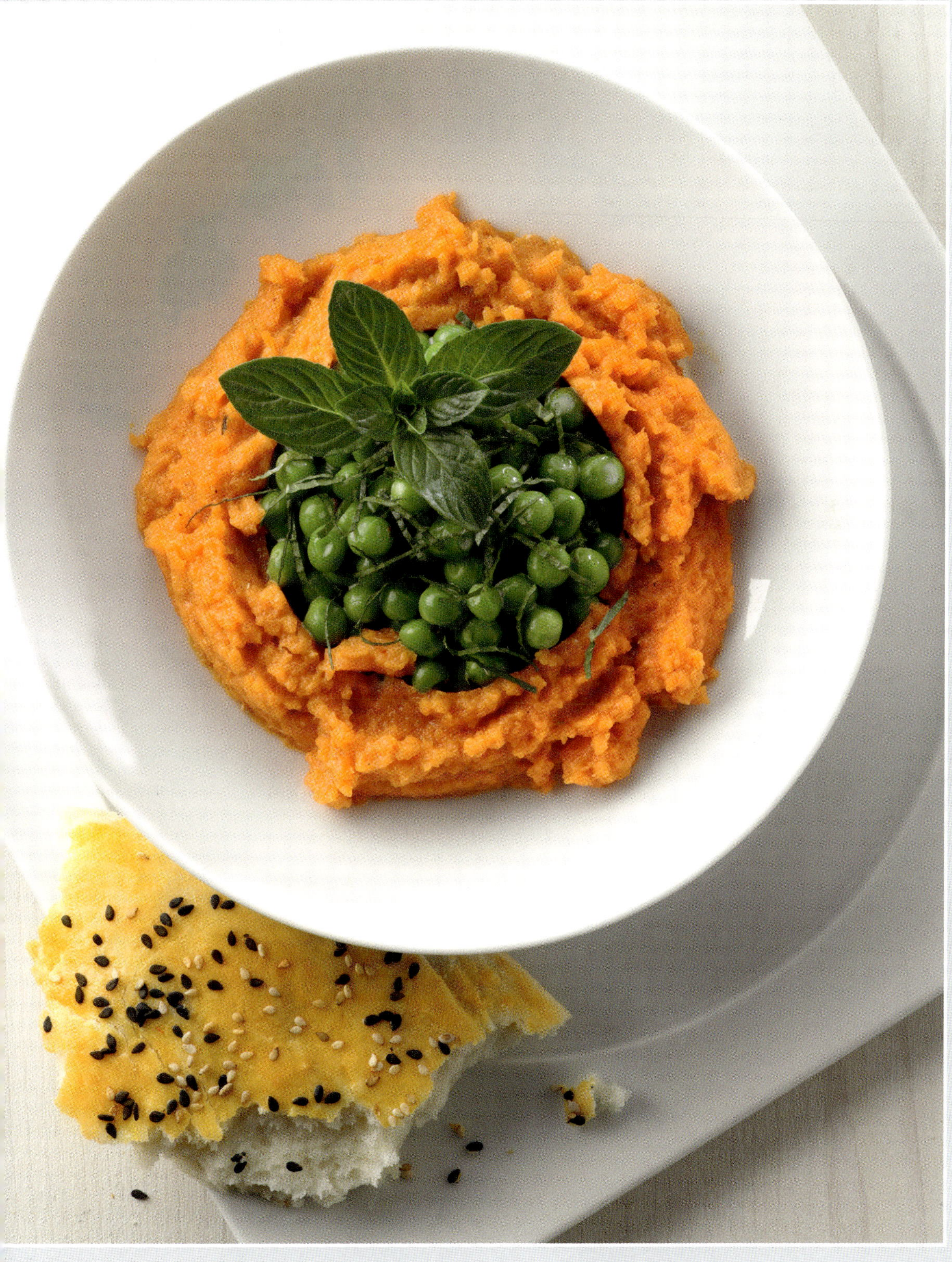

200 g gerillte,
nicht zu feine Hörnli (siehe Bild)
1 Bund Krause Minze, Blättchen
abgezupft, in Streifchen
1 Schabziger-Stöckchen/-Hütchen
50 g weiche Butter
frisch gemahlener schwarzer Pfeffer

Schabziger-Klößchen
4 EL geriebener Schabziger
2 EL Magerquark
2 Zweiglein Krause Minze,
fein gehackt
2 EL Schlagrahm/-sahne
1 Prise Cayennepfeffer

1 Für die Klößchen Schabziger, Quark und Minze vermengen, vor dem Servieren Schlagrahm untermischen, mit Cayennepfeffer abrunden.

2 Die Hörnli in reichlich Salzwasser al dente kochen. 4 EL Wasser entnehmen. Teigwaren abgießen, mit kaltem Wasser abschrecken, mit den 4 EL Kochwasser wieder in die Pfanne geben, Schabziger auf dem Trüffelhobel dazu reiben, Krause Minze und Butter unterrühren, mit dem Pfeffer abrunden, kurz erwärmen. Hörnli in vorgewärmten tiefen Tellern anrichten, Schabziger-Klößchen darauf setzen.

Schabziger Ist in gut sortierten Käseabteilungen erhältlich. Er kann auch zum Würzen von Käsefondue verwendet werden.

Teigwaren
mit Schabziger

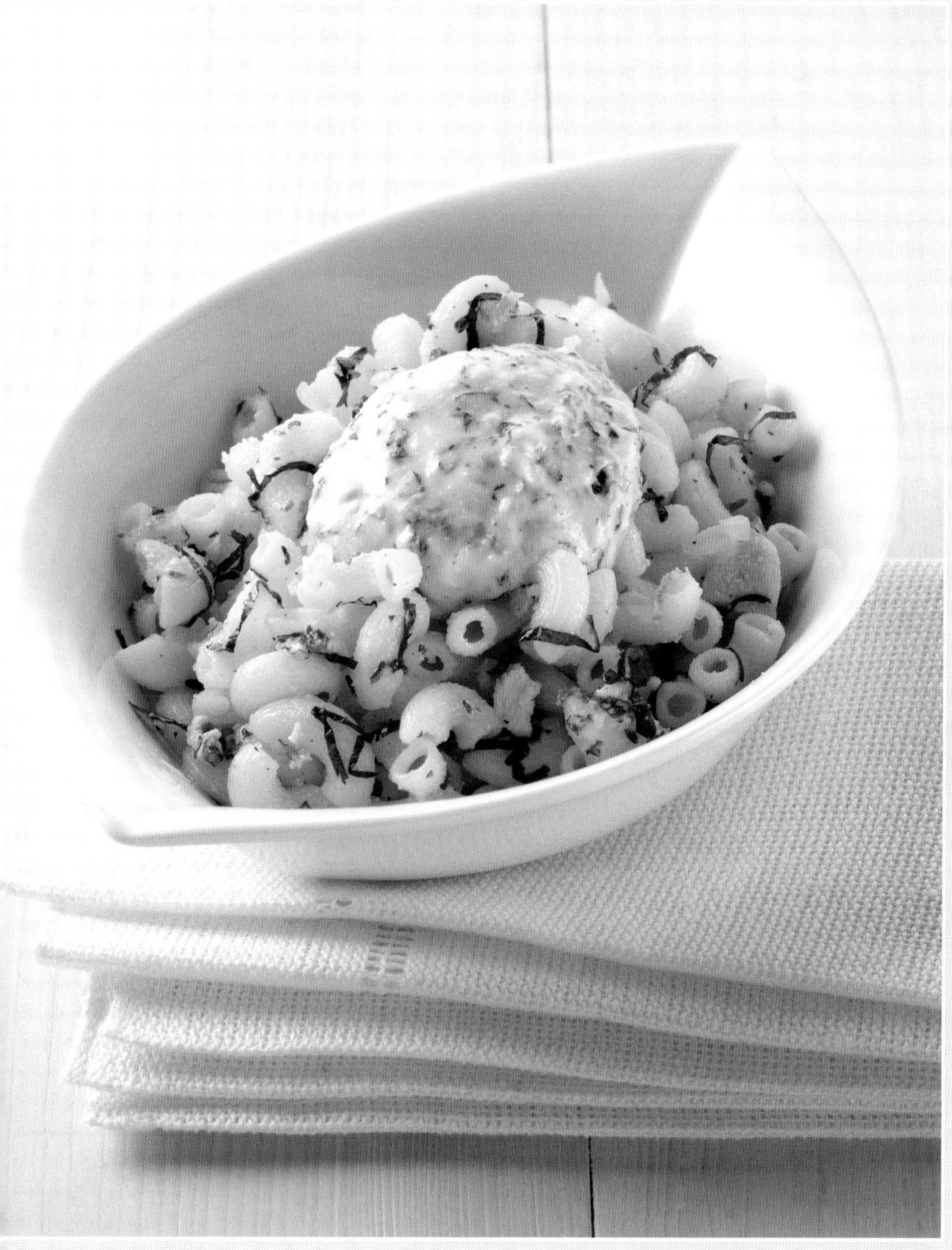

24 Mangoldblätter

1 dl/100 ml kräftige Gemüsebrühe
50 g geriebener Sbrinz oder
alter Bergkäse

Fleur de Sel
frisch gemahlener schwarzer Pfeffer
weiche Butter für die Form

Füllung
2 Freilandeier
2 EL Mineralwasser
80 g Magerquark
wenig frisch geriebene Muskatnuss
frisch gemahlener schwarzer Pfeffer
1 Prise Fleur de Sel
50 g Weißmehl/Mehltype 405
3 Zweiglein Grapefruit-Minze
(Bergamotte-Minze)
50 g knusprig gebratene
Speckwürfelchen

Aufgeschlagene Gemüsebrühe
2 dl/200 ml heiße Gemüsebrühe
2 Eigelbe von Freilandeiern
4 EL Doppelrahm/Crème double
2 Zweiglein Grapefruit-Minze,
Blättchen abgezupft
reichlich schwarzer Pfeffer

1 Stiele der Mangoldblätter fein schneiden. Blätter waschen, im kochenden Salzwasser überwallen (blanchieren), mit der Schaumkelle herausnehmen und unter kaltem Wasser abkühlen, auf einem Tuch ausbreiten, trocken tupfen, mit Salz und Pfeffer würzen.

2 Backofen auf 180 °C vorheizen.

3 Für die Füllung die Minzeblättchen von den Stielen zupfen und fein hacken. Eier, Mineralwasser und Quark glatt rühren, würzen. Mehl nach und nach zugeben, Mangoldstiele, Minze und Speck unterrühren. Die Füllung auf die Mangoldblätter verteilen, rundum einschlagen, aufrollen.

4 Eine Gratinform mit Butter einfetten, Mangoldwickel in die Form legen, mit der Gemüsebrühe übergießen und mit dem Sbrinz bestreuen. Im vorgeheizten Ofen bei 180 °C 20 Minuten garen.

5 Für die Brühe Eigelbe, Doppelrahm und Minze in einer bauchigen Schüssel aufschlagen, mit Pfeffer abschmecken, die kochend heiße Gemüsebrühe nach und nach unterrühren. In vorgewärmte tiefe Teller schöpfen, Mangoldwickel dazugeben. Sofort servieren.

Mangoldwickel
in aufgeschlagener Gemüsebrühe

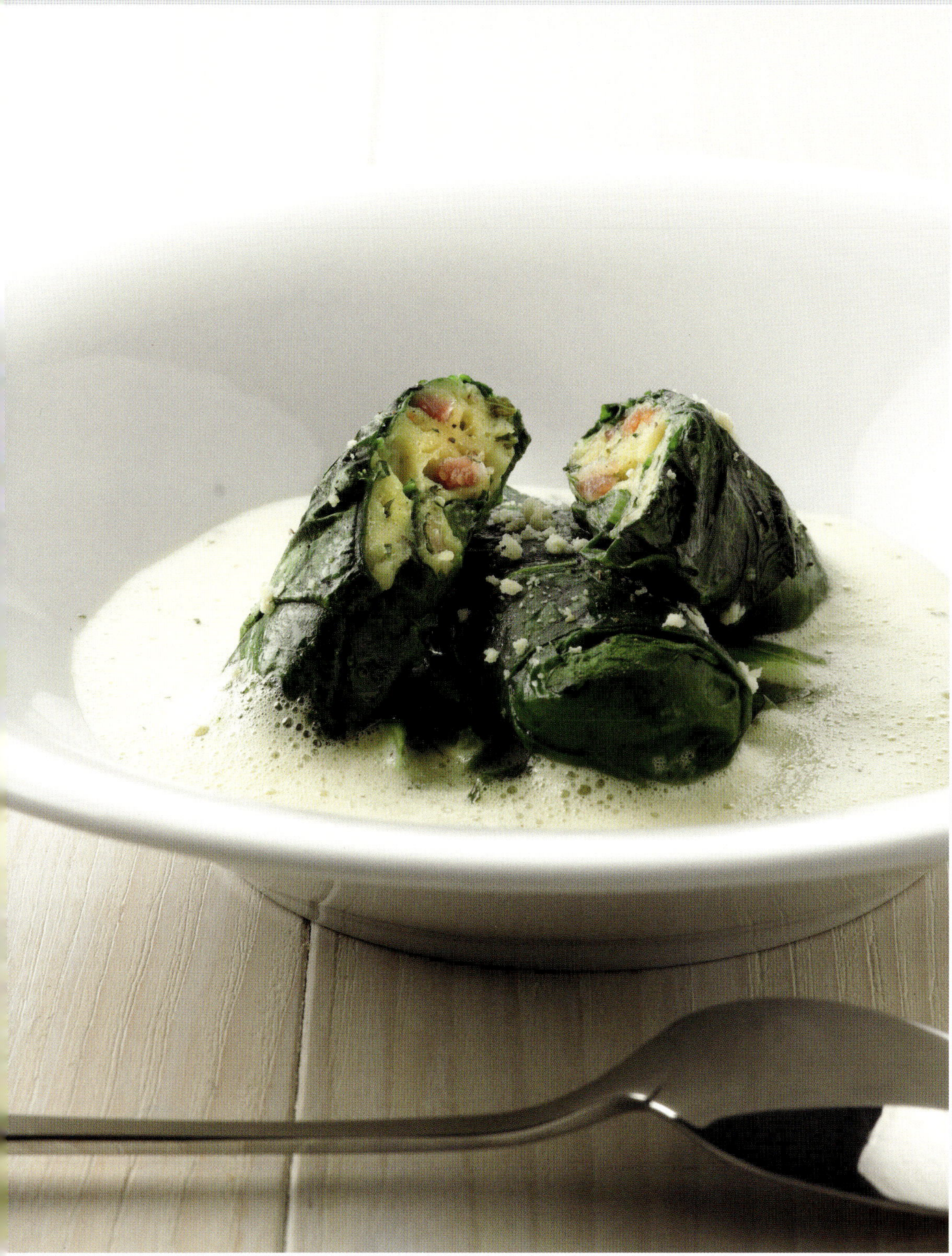

1 Rezeptmenge Chili-Nudelteig,
Seite 136

200 g grüne Erbsen
1 Bund Frühkarotten
1 Bund Schweizer Minze
2 EL weiche Butter
1 TL Fleur de Sel
frisch gemahlener schwarzer Pfeffer
1 TL Minzsalz, Seite 131
½ dl/50 ml Rahm/Sahne

geriebener Sbrinz nach Belieben

1 Den Nudelteig dritteln, mit dem Nudelholz Bänder von 10 cm Breite und 5 mm Dicke ausrollen. Mit der Nudelmaschine stufenweise auf die gewünschte Dicke (Stufe 5) ausrollen, Nudeln schneiden. Oder von Hand sehr dünn ausrollen, Nudeln schneiden. Leicht antrocknen lassen.

2 Das Kraut der Frühkarotten abschneiden (sehr frisches Kraut eignet sich für eine grüne Cremesuppe). Karotten über Dampf 5 Minuten kochen, mit kaltem Wasser abschrecken, die Haut mit Küchenpapier vorsichtig abziehen.

3 Die Minzeblätter von den Stielen zupfen und grob hacken mit Butter, Salz, Pfeffer und Minzesalz mischen.

4 Die Chilinudeln in einem großen Topf in reichlich Salzwasser al dente kochen. 4 EL Nudelwasser entnehmen. Nudeln abgießen.

5 Das Nudelwasser in eine flache Pfanne (Sauteuse) geben, Karotten und Erbsen zugeben und 3 Minuten dünsten. Minzbutter und Rahm unterrühren, Nudeln zugeben, vorsichtig mischen, erhitzen, nach Belieben nachwürzen. In vorgewärmten tiefen Tellern anrichten. Sbrinz separat servieren.

Frühkarotten müssen nicht zwingend geschält werden, weil die Haut noch sehr zart ist. Wenn man sie trotzdem schält, dann keinesfalls mit einem Sparschäler.

Chilinudeln
mit Minzerbsen und Frühkarotten

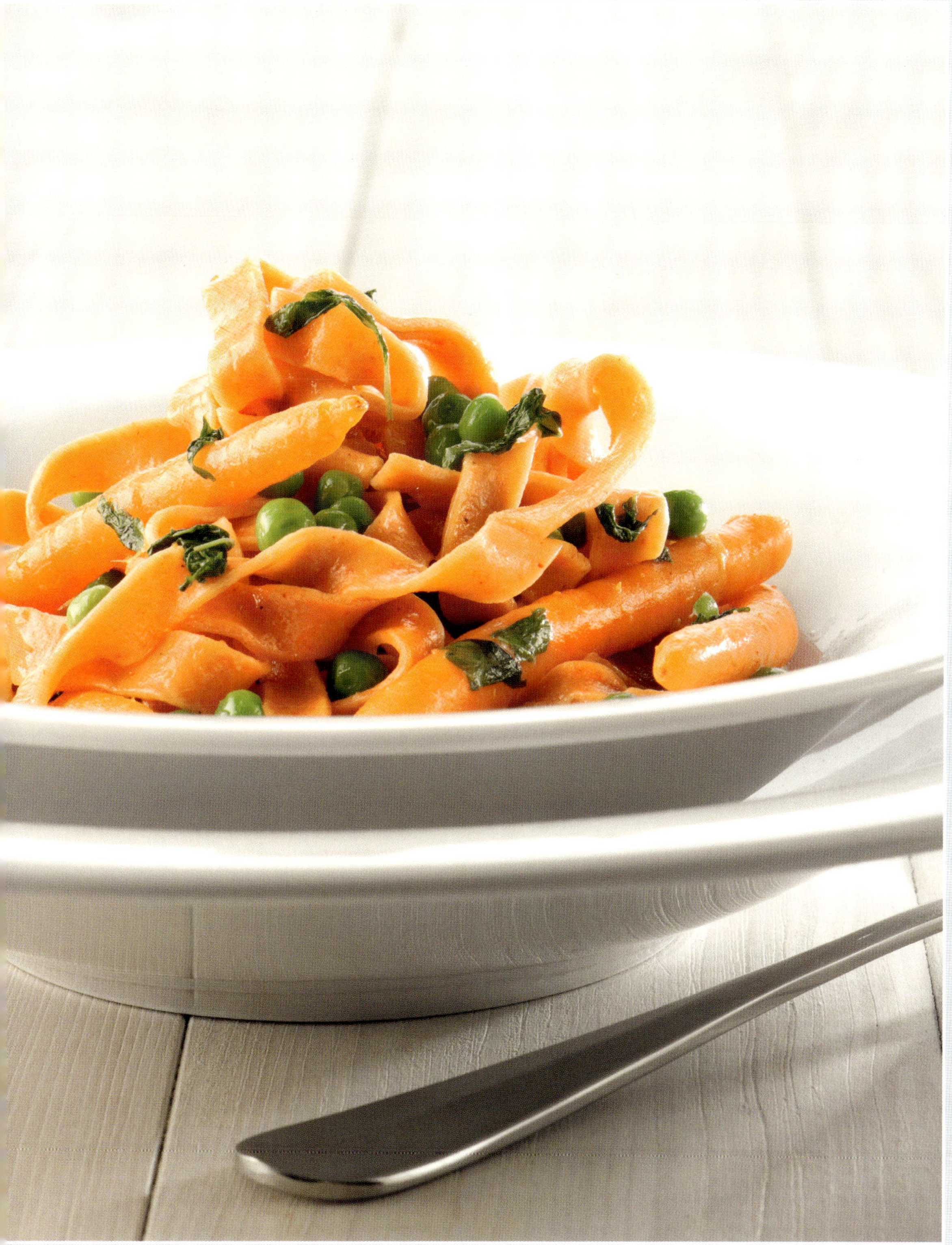

1 Rezeptmenge Minze-Spinat-
Nudelteig, Seite 137
4 EL Gemüsebrunoise
(1 mm große Würfelchen)
4 EL Minzbutter, Seite 130

Füllung
700 g Oranger Knirps
(mehlige Kürbissorte)
2 Speckscheiben, klein gewürfelt
50 g Pistazienkerne, gehackt
50 g geröstete Pinienkerne, gehackt
2 EL Parmesan
1 entkernte rote Chilischote,
in Streifen
6 Grissini, zu Paniermehl/
Brotbrösel verrieben
½ TL Salz
frisch geriebene Muskatnuss
frisch gemahlener Pfeffer

1 Für die Füllung den Kürbis mit einer Stricknadel rundum ein paar Mal einstechen, auf ein Blech legen und im Ofen bei 200 °C 50 Minuten backen. Den Kürbis auskühlen lassen, halbieren, die Kerne entfernen, das Fruchtfleisch mit einem Löffel herauslösen und fein hacken. Den Speck in einer Bratpfanne knusprig braten, auskühlen lassen. Alle Zutaten gut vermengen, würzen.

2 Den Nudelteig dritteln, mit dem Nudelholz auf die Breite der Nudelmaschine ausrollen, dann mit der Nudelmaschine stufenweise auf 2 mm Dicke ausrollen. Die Teigbänder mit dem Teigrädchen in Längsrichtung halbieren. Die Füllung im Abstand von 1 cm auf die Hälfte des Teigbandes verteilen. Die freie Hälfte mit Wasser bepinseln, über die Füllung einschlagen, die Zwischenräume mit Daumen und Zeigefinger zusammendrücken (siehe Bild), mit dem Teigrädchen trennen.

3 Agnolotti in einem großen Topf in reichlich Salzwasser al dente kochen, d. h. an die Oberfläche steigen lassen, dann den Topf von der Wärmequelle nehmen, Agnolotti 5 bis 8 Minuten garziehen lassen.

4 Dem Topf 4 EL Wasser entnehmen, mit den Gemüsewürfelchen erhitzen, 4 Minuten dünsten, Minzbutter unterrühren.

5 Agnolotti mit einer Schaumkelle aus dem Wasser nehmen, in vorgewärmten tiefen Tellern anrichten, Gemüsewürfelchen darüber verteilen.

Hausgemachte Teigwaren sind ideal zum Einfrieren. Dazu die Teigwaren auf ein mit Klarsichtfolie ausgelegtes Kuchenblech legen, tiefkühlen, in Plastikbeutel füllen, in den Tiefkühler legen.

Grüne Agnolotti
mit Kürbisfüllung

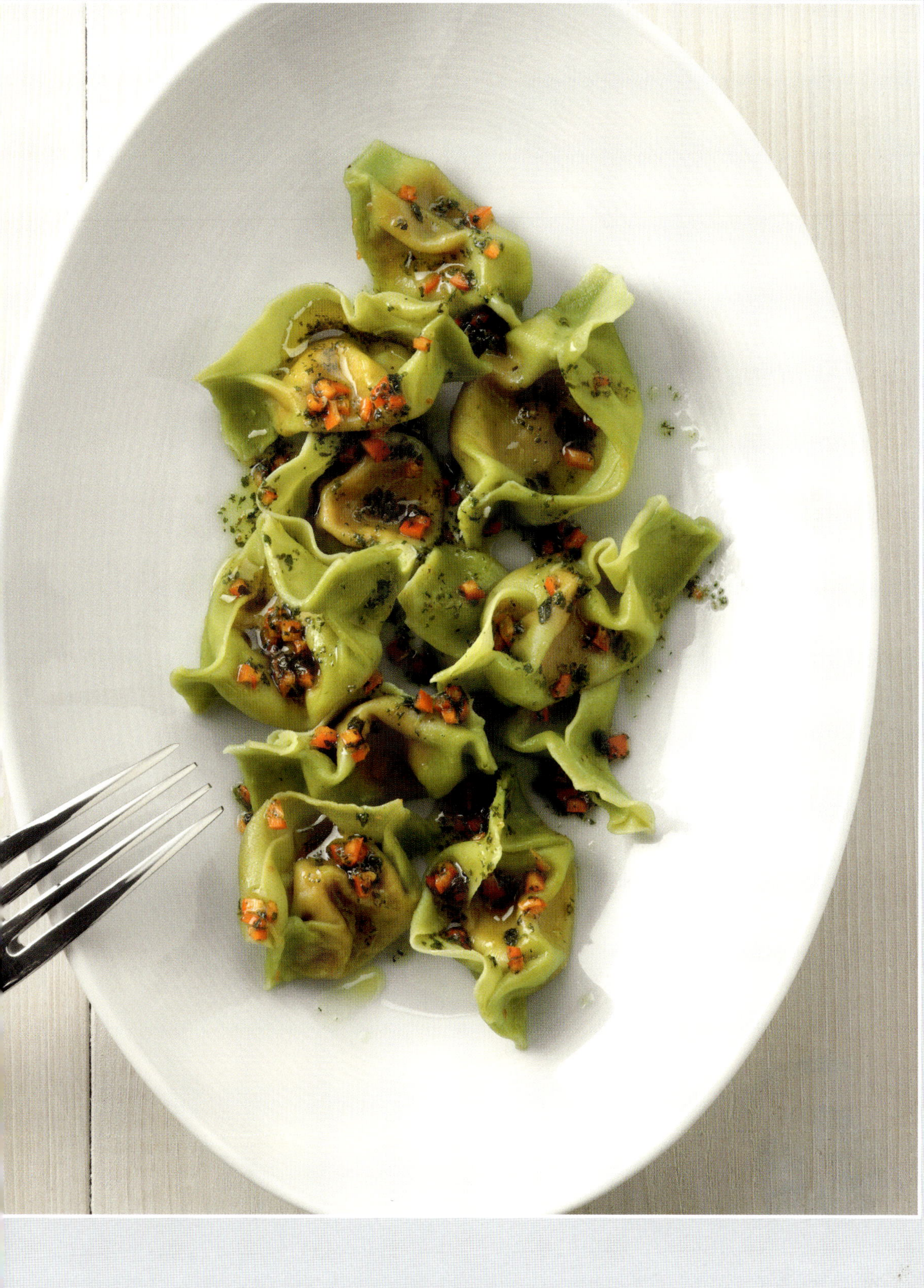

82	**Teriyaki vom Thunfisch** mit Minzmarinade
84	**Riesenkrevetten** im Minzfond
86	**Würfel von Lachsfilet** mit Minze-Limetten-Beurre-blanc
88	**Pangasiusröllchen** mit Gemüseperlen auf Minzsauce
90	**Ricottaröllchen** mit Edelfisch auf rotem Pesto
92	**Involtini** auf Minze-Spinat
94	**Kalbsmilken/-bries** im Minzmantel mit Zucchini-Duo
96	**Kalbfleischbällchen** im Minzjus glasiert
98	**Schweinemedaillons** mit Minzbutter und Artischocken
100	**Jungschwein-Minzbraten** mit pfeffriger Apfelrösti
102	**Lammracks** in der Minzkruste
104	**Moussaka** mit Minz-Tzatziki

Fisch – Geflügel – Fleisch

Mentha x piperita 'Variegata'

200 g Thunfisch «Sushi-Schnitt»
1 EL Sesamöl

Marinade
1 EL Sojasauce
1 EL Puderzucker
1 EL Sake
1 rote Chilischote,
entkernt, in Ringen
1 EL Ingwerbrunoise
(1 mm große Würfelchen)
1 Bund Japanische Minze

1 kleiner, zarter Kohlrabi,
geschält, in Stäbchen
(zündholzdick)
50 g grüne Erbsen
einige Zweiglein Japanische Minze
Fleur de Sel
1 dl/100 ml Olivenöl zum Frittieren

1 Sojasauce, Puderzucker, Sake, Chiliringe und Ingwerwürfelchen auf 60 °C erwärmen, kühl stellen. Minzeblättchen von den Stielen zupfen und hacken, zur Marinade geben.

2 Das Thunfischfilet mit dem Sesamöl bestreichen, in einer sehr heißen Bratpfanne von allen Seiten kurz braten. Die Marinade in eine flache Schüssel geben, Fischfilet hineinlegen und mit der Marinade bepinslen, 1 Stunde bei Küchentemperatur ziehen lassen.

3 Kohlrabi und Erbsen im Salzwasser 2 Minuten blanchieren, in ein Sieb gießen, noch lauwarm mit 2 EL Thunfischmarinade mischen.

4 Von der Minze die 8 schönsten Blätter abzupfen. Die restlichen Blätter hacken und unter die Marinade rühren. Olivenöl in einer kleinen Pfanne erhitzen, die ganzen Minzeblätter im heißen Öl frittieren. Auf Küchenpapier abtropfen lassen.

5 Das Gemüse auf Teller verteilen. Thunfisch in 12 Portionen schneiden, auf dem Gemüse anrichten, mit wenig Marinade beträufeln. Vor dem Servieren mit Fleur de Sel bestreuen.

Tipp Dieses Gericht lässt sich auch mit Rinderfilet zubereiten.

Teriyaki vom Thunfisch
mit Minzemarinade

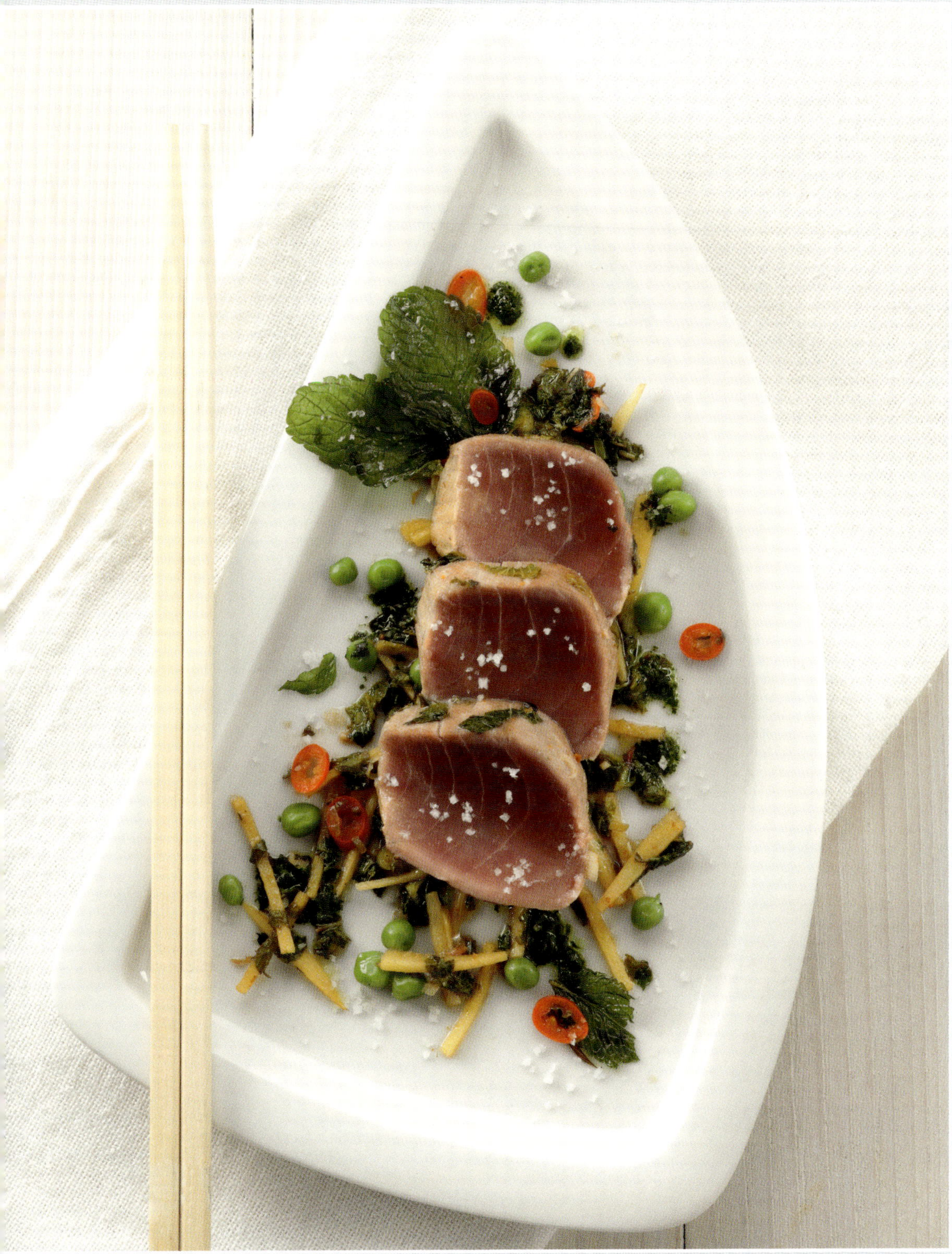

12 geputzte Riesenkrevetten/
-garnelen (am besten aus
Wildfang)
½ Bund Thai-Minze
1 EL zerdrückte rosa Pfefferkörner
2 EL Minzöl, Seite 128
2 Stangen von einem Stangen-/
Staudensellerie
4 Cocobohnen (breite Bohnen)
1 EL Ingwerbrunoise
(1 mm große Würfelchen)
1 dl/100 ml Minzfond, Seite 129

1   Stangensellerie und Cocobohnen in feine Streifen schneiden. 1 EL Minzöl erwärmen, Gemüse zugeben, 5 Minuten dünsten, mit dem Minzfond auffüllen.

2   Den Grill auf 240 °C vorheizen.

3   Minzeblättchen von den Stielen zupfen und in Streifchen schneiden. Riesenkrevetten mit gehackter Minze, rosa Pfefferkörnern und Minzöl mischen. Auf ein Kuchenblech legen. In der Mitte in den Backofen schieben und bei 240 °C 4 Minuten grillen. Die Krevetten mit Meersalz bestreuen.

4   Das Gemüse mit dem Minzfond in vorgewärmte Teller verteilen, die Krevetten darauf anrichten.

Tipp Krustentiere sollten immer erst nach dem Garen gesalzen werden, sie bleiben so zarter.

Riesenkrevetten
im Minzefond

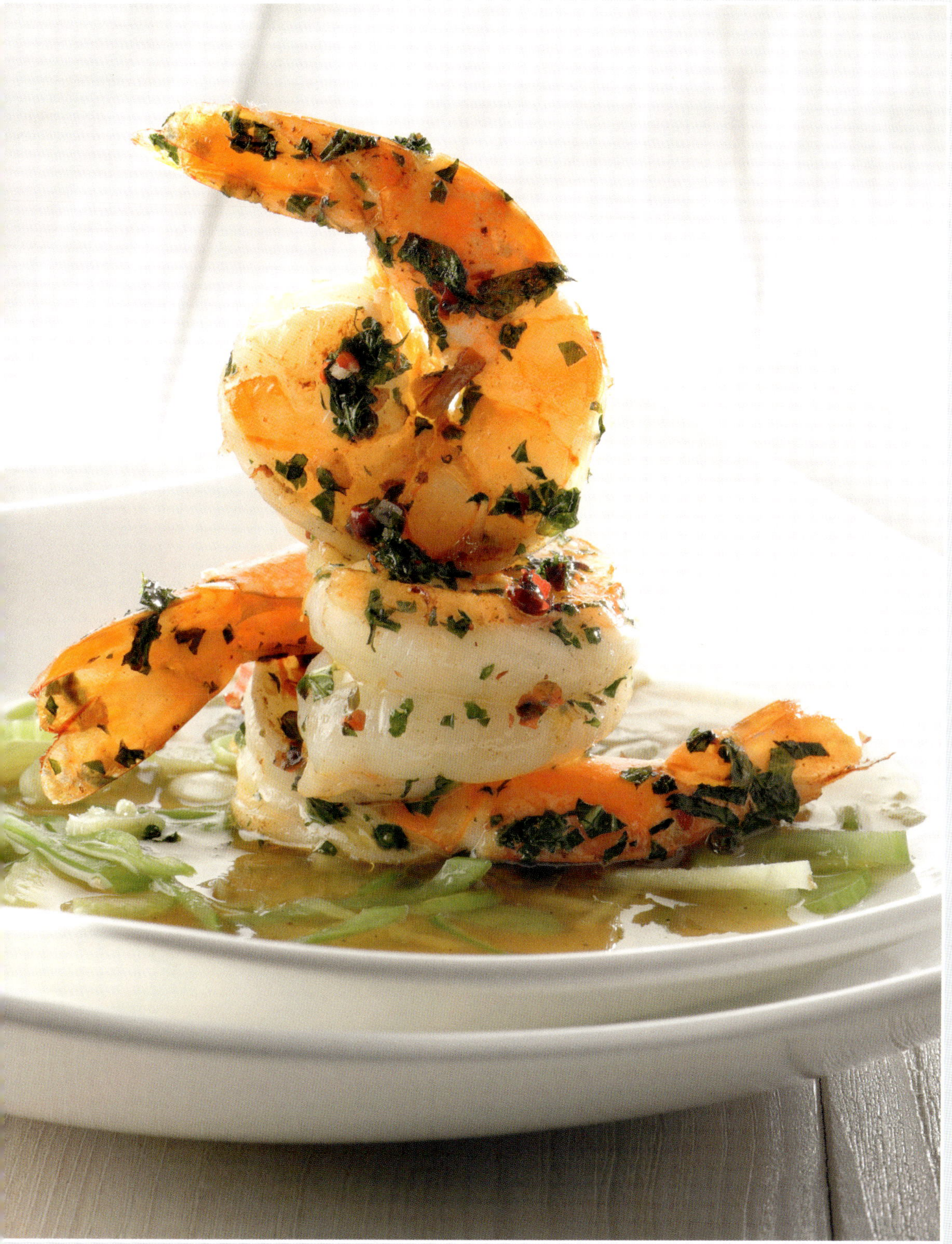

2 EL Traubenkernöl
12 Lachswürfel, 1 cm groß, je 30 g
Kräutermeersalz
frisch gemahlener schwarzer Pfeffer
1 EL schwarze Kümmelsamen

½ EL Butter
200 g Kefen/Zuckerschoten
1 Lauch, nur das Herz
(innere weiße/gelbe Teile)
4 EL Minzfond, Seite 129

1 Limette

Minze-Limetten-Beurre-blanc
1 dl/100 ml Fischfond
4 Champignons, in Scheiben
1 Schalotte, gehackt
6 zerdrückte weiße Pfefferkörner
4 Limetten, Saft
½ dl/50 ml Champagner oder
säurebetonter Weißwein
1 Zweiglein Basilikum-Minze oder
Grapefruit-Minze
(Bergamotte-Minze)
1 Prise Cayennepfeffer
50 g Butterwürfelchen

1 Fischfond mit Champignons, Schalotten und Pfefferkörnern bis auf 2 Esslöffel einkochen, durch ein feines Sieb passieren und mit einem Suppenlöffel gut ausdrücken. Fischfond mit Limettensaft und Champagner nochmals auf die Hälfte einkochen lassen. Minze zugeben, 5 Minuten zugedeckt ziehen lassen, Minze entfernen. Sauce erhitzen, mit Butterwürfelchen aufmontieren (zu einer sämigen Sauce rühren). Mit Cayennepfeffer abrunden.

2 Den Stielansatz bei den Kefen abschneiden, gleichzeitig den zähen Faden abziehen, in Rauten schneiden. Das Lauchherz in feine Ringe schneiden. Lauch und Kefen in einer Sauteuse (flache Pfanne) in der Butter andünsten, mit dem Minzfond ablöschen, 4 Minuten dünsten, mit Salz und Pfeffer würzen.

3 Die Limette 2 Minuten in heißes Zitronenwasser legen, abtrocknen. Frucht längs vierteln, quer in Scheiben schneiden, entkernen.

4 Lachswürfel mit Kräutersalz, Pfeffer und schwarzem Kümmel würzen. Das Traubenkernöl in einer Bratpfanne erhitzen, Lachswürfel und Limetten zugeben, 4 Minuten rundum anbraten.

5 Mit der Sauce auf vorgewärmten Tellern einen Spiegel gießen, Kefen-Lauch-Gemisch anrichten, Lachswürfel mit den Limetten darauf legen.

Würfel von Lachsfilet
mit Minze-Limetten-Beurre-blanc

Fisch – Geflügel – Fleisch

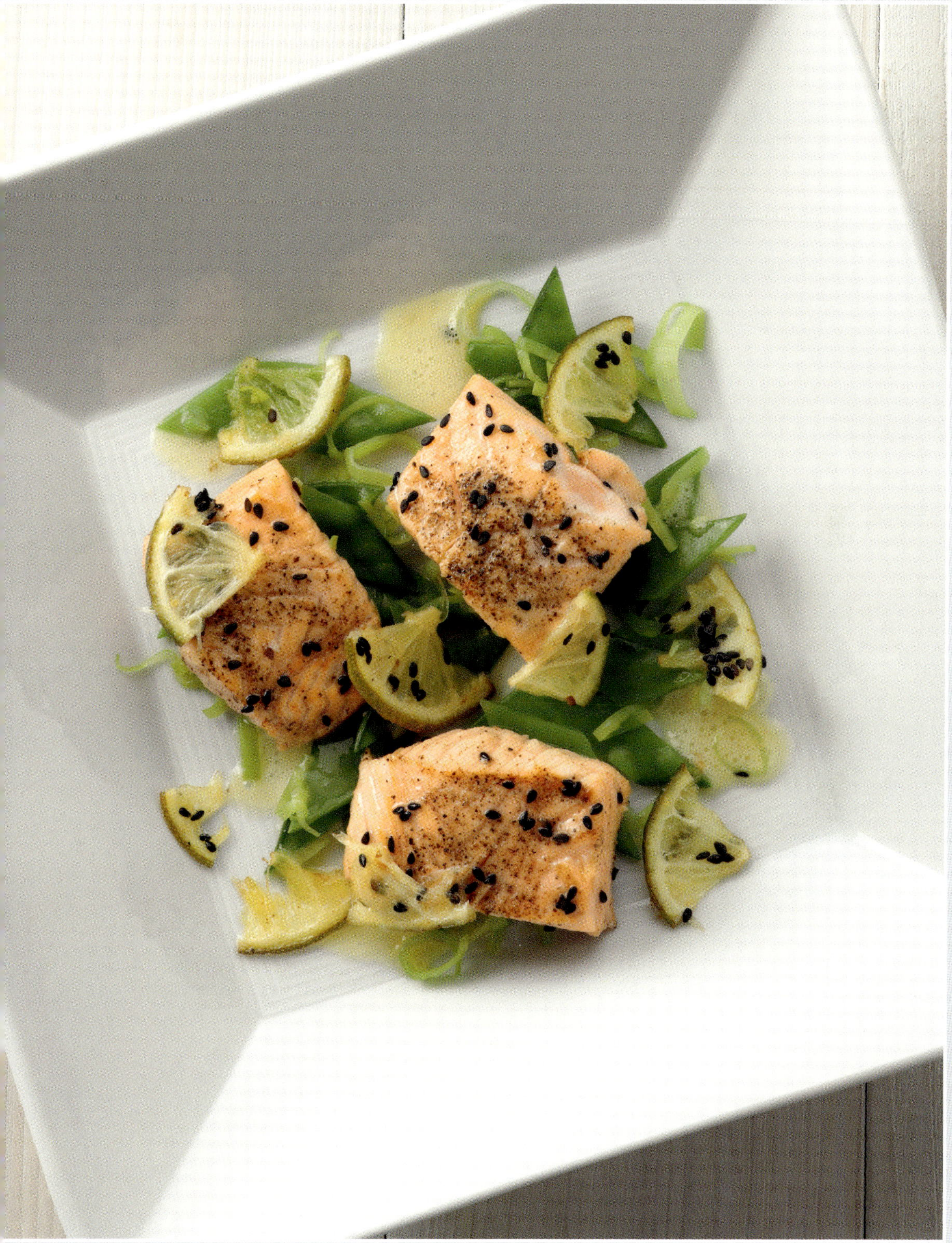

Pangasiusröllchen
mit Gemüseperlen auf Minzsauce

4 Pangasius- oder Goldbuttfilets
1 Bund Chartreuse-Minze, abgezupfte Blätter
1 unbehandelte Zitrone, Schale
1 EL Fleur de Sel

1 Eiweiß
150 g Kräuterfrischkäse mit Pfeffer
2 EL Weißbrotbrösel (Mie de pain)

1 dl/100 ml Fischfond
½ dl/50 ml Weißwein
1 Schalotte, fein gehackt

1 EL Butter
je 1 Karotte/Möhre und Pfälzer Rübe/gelbe Rübe
8 Cherrytomaten

Minzsauce
½ dl/50 ml Fischfond (Fischröllchen)
1 TL Mehlbutter, Seite 136
1 Zweiglein Chartreuse-Minze, abgezupfte Blätter
½ EL zerdrückte grüne Pfefferkörner
½ TL Gewürzsalz
1 EL Minzlikör, Seite 131
½ dl/50 ml Schlagrahm/-sahne

Krause Minze für die Garnitur

1 Das Eiweiß verquirlen, mit Frischkäse und Bröseln gut vermengen.

2 Die kleineren Minzeblätter hacken, mit abgeriebenen Zitronenschalen und Fleur de Sel mischen, Fischfilets würzen, mit den restlichen Minzeblättern belegen, Frischkäse darauf verstreichen, einrollen, mit einem Zahnstocher fixieren.

3 Cherrytomaten vierteln und entkernen. Karotten/Rüben schälen, Perlen ausstechen, im Dampf 5 Minuten garen, abgießen. Gemüseperlen und Tomaten vor dem Servieren in der Butter schwenken, mit Kräutersalz und Pfeffer würzen.

4 Backofen auf 150 °C vorheizen.

5 In einer weiten Pfanne Fischfond, Weißwein und Schalotten erhitzen. Die Fischröllchen in den Fond legen, zugedeckt auf der mittleren Schiene in den Ofen schieben, bei 150 °C 10 Minuten pochieren. Die Röllchen aus dem Fond nehmen, auf einen Teller legen, zudecken, bei 80 °C warm halten. Den Fond durch ein feines Sieb passieren.

6 Für die Minze-Fischcreme den Fischfond nun zur Hälfte einkochen, Mehlbutter unterrühren, bei schwacher Hitze 5 Minuten köcheln, mit Minzeblättern, Pfefferkörnern und Gewürzsalz würzen. Vor dem Servieren den Minzlikör und den Schlagrahm unterrühren.

7 Die Minzsauce auf die Teller verteilen, die Fischröllchen dritteln und auf die Sauce legen, mit dem Gemüse und den Minzeblättern garnieren

Tipp Mit den Resten der Gemüseperlen und 2 mehlig kochenden Kartoffeln eine passierte Gemüsesuppe zubereiten.

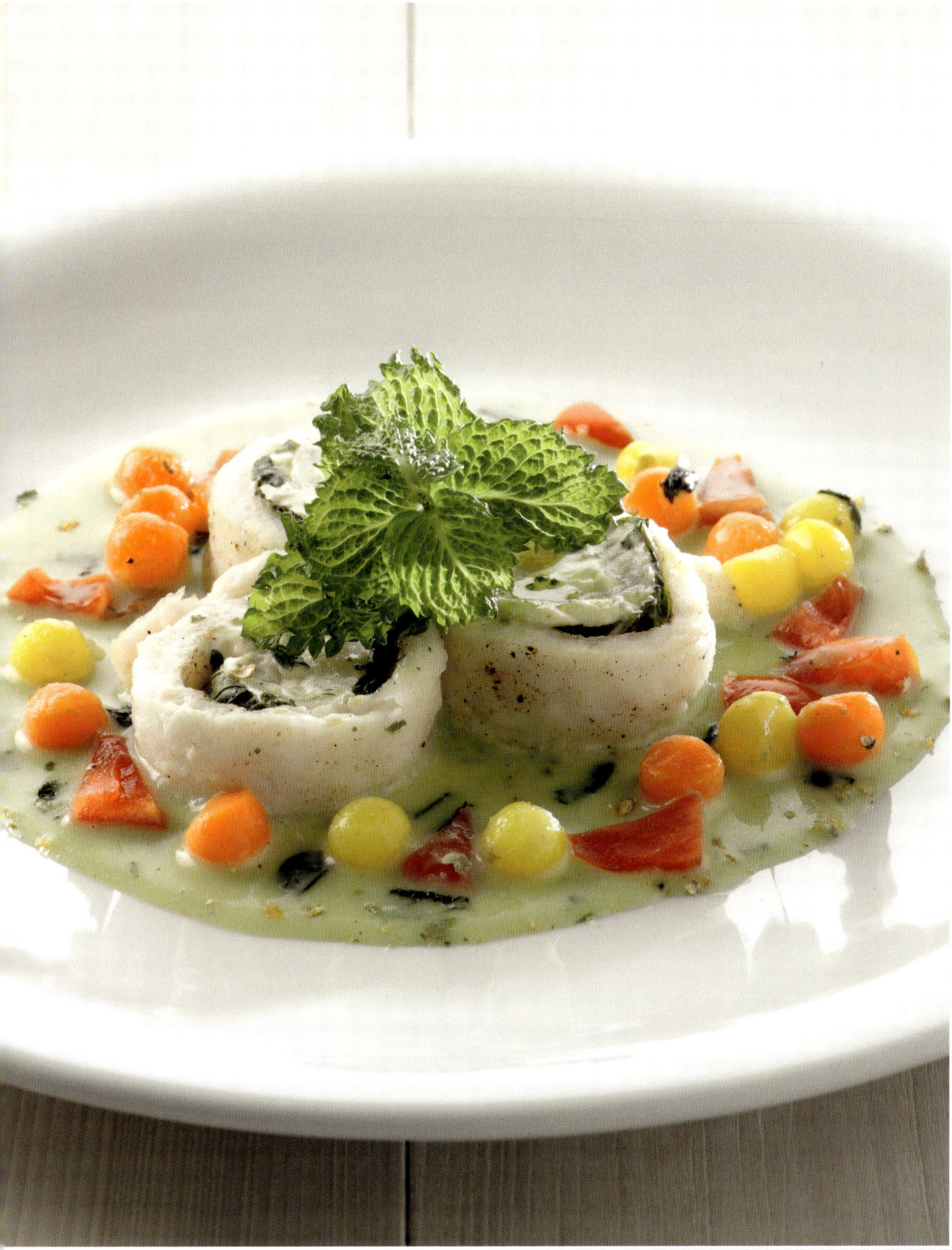

für 6 Röllchen

Teig
150 g Hartweizenmehl
1 Prise Salz
1 Freilandei
2 Eigelbe von Freilandeiern
½ TL Olivenöl extra nativ

Füllung
150 g Ricotta
3 Zweiglein Englische Minze
4 EL Weißbrotbrösel (Mie de pain)
120 g Lachs, klein gewürfelt
120 g Seeteufel, klein gewürfelt
1 Prise Cayennepfeffer
½ TL Kräutersalz

geriebener Parmesan für das Blech

Rotes Pesto
½ dl / 50 ml Minzfond, Seite 129
1 EL weißer Balsamico
1 Rezeptmenge
geschmorte Tomaten, Seite 138
½ dl / 50 ml Olivenöl extra nativ
2 EL geröstete Pinienkerne, gehackt
frisch gemahlener Pfeffer
je ½ TL Chilipulver und
Fleur de Sel

1 Für das rote Pesto den Minzfond mit dem weißen Balsamico auf 2 Esslöffel einkochen, Pfanne von der Wärmequelle nehmen. Geschmorte Tomaten grob hacken, mit Olivenöl und Pinienkernen unter den Fond rühren, würzen.

2 Für den Teig Mehl und Salz mischen, Ei, Eigelbe und Olivenöl zugeben, zu einem Teig zusammenfügen, in Klarsichtfolie einwickeln, 2 Stunden oder über Nacht im Kühlschrank ruhen lassen.

3 Für die Füllung die Minzeblättchen von den Stielen zupfen und hacken, mit dem Ricotta vermengen, Weißbrotbrösel und Fischwürfelchen unterrühren, würzen.

4 Den Teig mit der Nudelmaschine auf die ganze Breite ausrollen und in etwa 15 cm breite Streife schneiden. Oder von Hand dünn ausrollen und in Streifen schneiden. Teigstreifen in einem großen Topf im Salzwasser 1 Minute kochen. Mit der Schaumkelle aus dem Wasser nehmen, unter kaltem Wasser abkühlen.

5 Kuchenbleche mit Parmesan bestreuen, Pastablätter darauf legen, die Füllung auf die Pastablätter verteilen und satt einrollen. Die Röllchen in einen eingefetteten Dämpfaufsatz legen, im Dampf 8 Minuten garen.

6 Die Ricottaröllchen dritteln, auf dem roten Pesto anrichten.

Tipp Pesto in Gläser mit Schraubverschluss füllen, mit Olivenöl bedecken. Kann im Kühlschrank 6 Wochen aufbewahrt werden.

Ricottaröllchen
mit Edelfisch auf rotem Pesto

Fisch – Geflügel – Fleisch

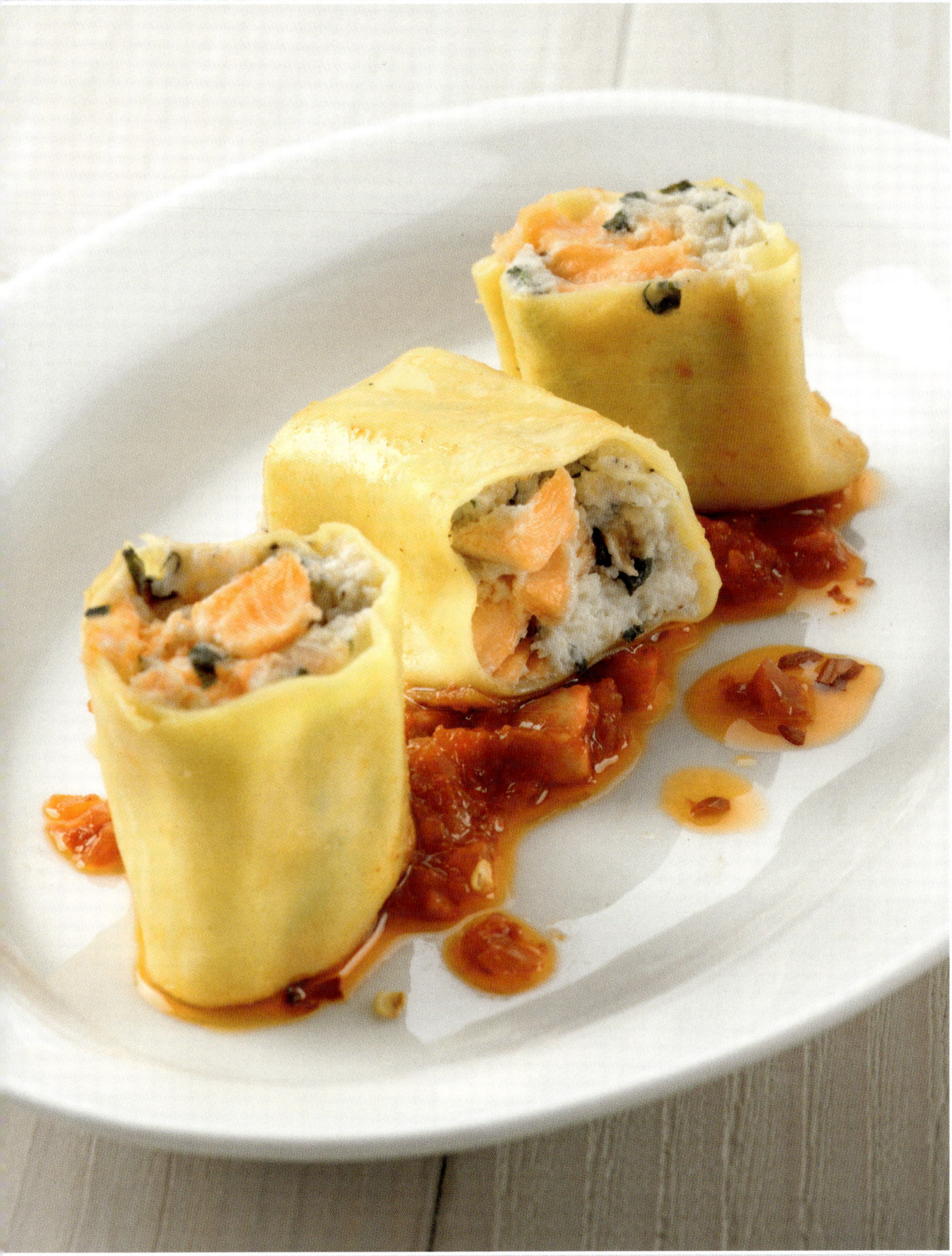

2 EL Olivenöl extra nativ
4 Poulet-/Hähnchenbrüstchen,
je 120 g
8–12 große Marokkanische
Minzeblätter
4 Taleggio-Stäbchen
(oder anderer halbfester
Schnittkäse)
8 Scheiben Rohschinken

Minze-Spinat
2 EL Haselnussöl
½ TL Fleur de Sel
1 TL Chilipulver
2 Bund Marokkanische Minze,
Blättchen abgezupft
1 kg Spinat
Minzsalz, Seite 131

Minzschaum, Seite 131

1 In die Pouletbrüstchen vorsichtig eine Taschen schneiden, nach außen umlegen, mit einem Fleischklopfer vorsichtig flach klopfen, mit Minzeblättern und Taleggio belegen, satt einrollen. 2 Scheiben Rohschinken auf Klarsichtfolie in der Länge der Pouletbruströllchen auslegen, Röllchen damit einwickeln, an beiden Enden mit Fleischbindfaden zubinden.

2 Den Backofen auf 120 °C vorheizen.

3 In einer Bratpfanne das Olivenöl erhitzen, die Pouletbruströllchen rundum 3 Minuten braten. Auf ein Kuchenblech legen. Im vorgeheizten Ofen 10 Minuten bei 120 °C gar ziehen lassen.

4 Einen großen Topf aufheizen, den gewaschenen, tropfnassen Spinat portionsweise zugeben und zusammenfallen lassen, in einem Sieb abtropfen lassen, sanft auspressen. Haselnussöl leicht erwärmen, Fleur de Sel, Chilipulver und Minze einrühren, Spinat zugeben, mischen und erwärmen, mit Minzsalz abschmecken.

5 Spinat anrichten, Involtini schräg halbieren, auf den Minze-Spinat legen, mit Minzschaum umgeben.

Tipp Die Involtini können auch mit Kalbfleisch zubereitet werden. Beim Metzger Fleisch von der Nuss verlangen.

Involtini
auf Minze-Spinat

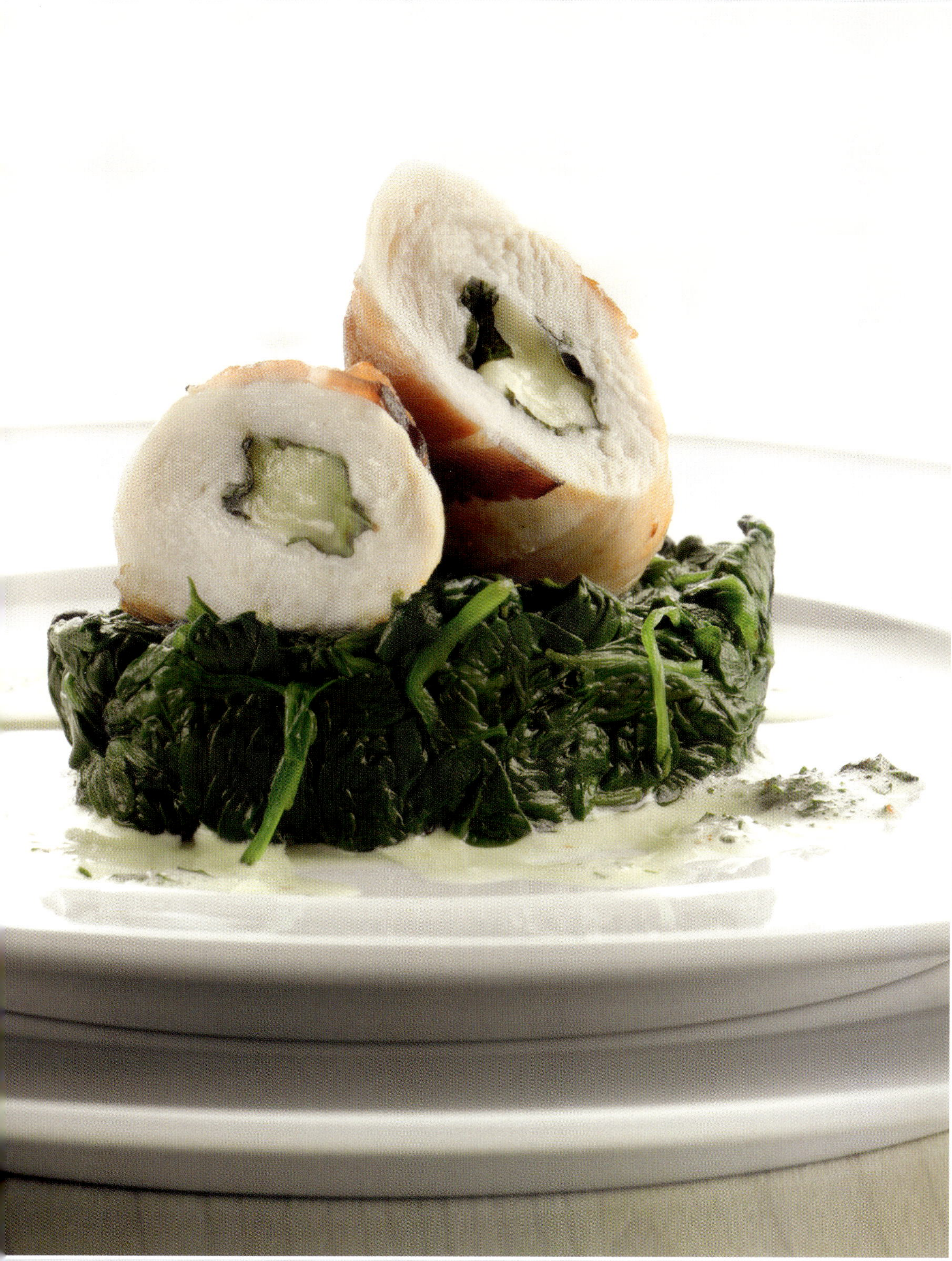

Kalbsmilken/-bries
im Minzmantel mit Zucchini-Duo

3 EL Bratbutter/Butterschmalz
400 g Kalbsherzmilken/-bries, gut gewässert
½ l Minzfond, Seite 129
1 TL zerdrückte weiße Pfefferkörner

2 EL Weißmehl
2 Freilandeier
½ TL Meersalz
frisch gemahlener schwarzer Pfeffer
80 g Weißbrotbrösel (Mie de pain)
1 Bund Acker- oder Lavendel-Minze, Blättchen abgezupft und grob gehackt

2 EL Olivenöl extra nativ
je 2 gelbe und grüne Zucchini
1 Schalotte, gehackt
frisch gemahlener schwarzer Pfeffer
1 TL Fleur de Sel

1 dl/100 ml Quitten-Balsamico oder weißer Balsamico
wenig getrocknete Arabische Minze (Gewürzladen)

1 Minzfond und Pfefferkörner in einem Topf aufkochen, Milken/Bries in den Fond legen und bei schwacher Hitze (der Fond darf nicht kochen) zugedeckt 20 Minuten ziehen lassen.

2 Quitten-Balsamico und getrocknete Minze auf 2 Esslöffel einkochen.

3 Zucchini beidseitig kappen, das Gemüse in schmale Rauten oder in Würfelchen schneiden.

4 Milken/Bries säubern (von der Haut befreien), in 8 Scheiben schneiden. Eier, Salz und Pfeffer aufschlagen. Weißbrotbrösel und gehackte Minze mischen. Milkenmedaillons zuerst im Mehl, dann im Ei und zuletzt in den Weißbrotbröseln wenden. In einer Bratpfanne in der Bratbutter goldgelb braten, im Ofen bei 60 °C warm stellen.

5 Die Bratpfanne mit einen Küchenpapier ausreiben. Das Olivenöl erhitzen, Zucchini zugeben und anbraten, Schalotten zugeben, bei mittlerer Hitze 5 Minuten fertig braten, mit Salz und Pfeffer würzen.

6 Die Zucchini auf vorgewärmten Tellern anrichten, Kalbsmilken/Bries auf die Zucchini legen, mit der Balsamreduktion ein Muster auf die Teller zeichnen.

Tipp Enden und Abschnitte der Kalbsmilken/Bries zerpflücken, im Haselnussöl kurz anbraten, mit Nüssli-/Feldsalat oder Blattsalat servieren.

Kalbsmilken/-bries Bei der zarten Innerei – Thymus- oder Wachstumsdrüse – unterscheidet man zwischen den feineren Herzmilken/-bries und den Halsmilken/-bries.

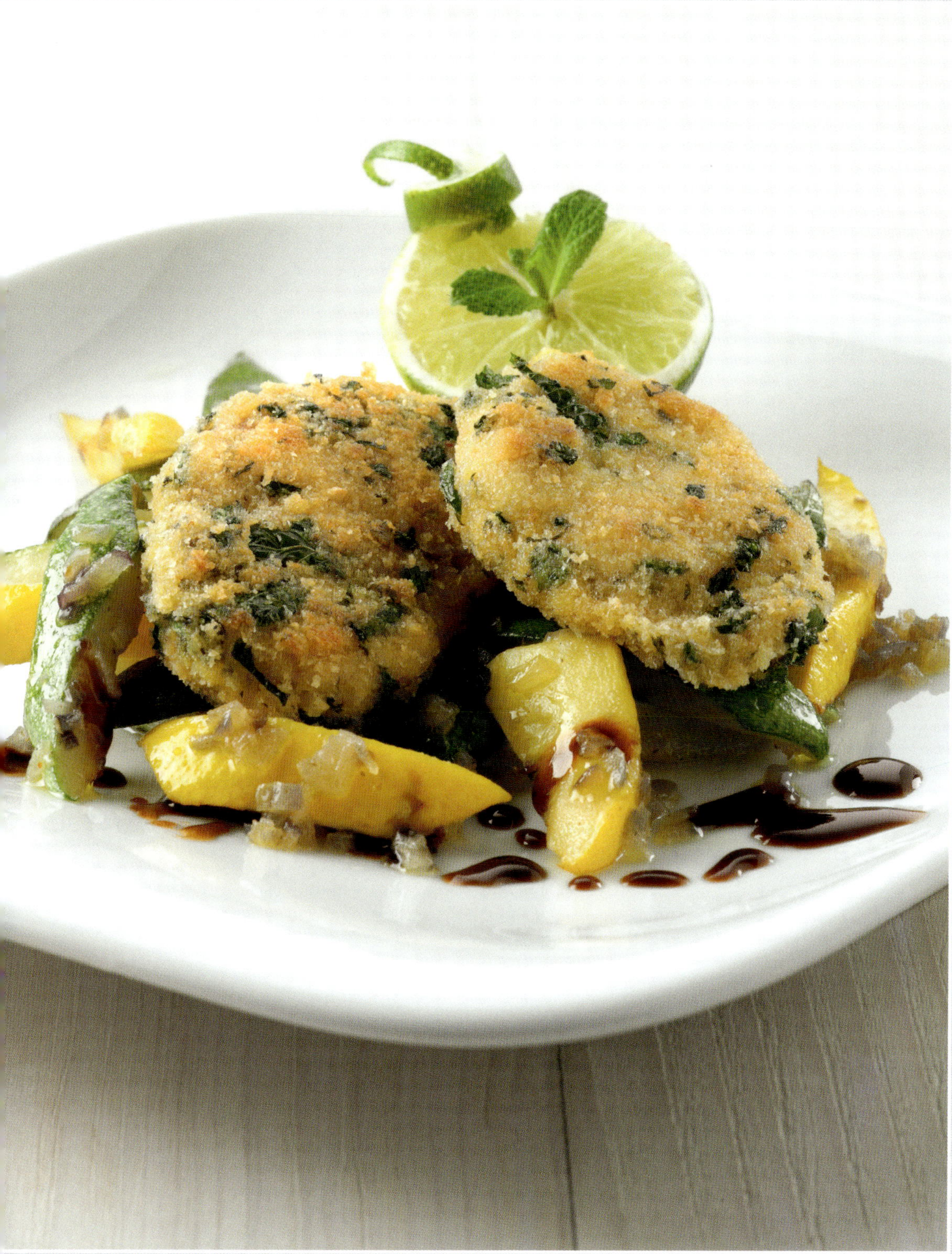

1 EL Olivenöl extra nativ
300 g gehacktes Kalbfleisch,
vom Nier-/Rippenstück
1 Weggli/Brötchen oder
100 g Milchbrot
½ dl/50 ml Milch
1 EL Butter
1 Bund Limonen-Minze,
Blättchen abgezupft und gehackt
2 EL Doppelrahm/Crème double
½ Zitrone, abgeriebene Schale
½ TL Fleur de Sel
frisch gemahlener schwarzer Pfeffer

½ dl/50 ml Minzjus, Seite 130
1 Rezeptmenge Minze-Spinat,
Seite 92
1 Rezeptmenge Kartoffelstock/
-püree, Seite 138

1 Weggli/Milchbrot in Würfelchen schneiden, in der Milch einweichen, ausdrücken. Die Butter in einer flachen Pfanne zerlassen, Brot zugeben, unter Rühren trocknen, die Minze unterrühren, zugedeckt auskühlen lassen. Die ausgekühlte Brotpanade durch Passevite/Flotte Lotte drehen.

2 Hackfleisch, Brotpanade, Doppelrahm und Gewürze vermengen, nussgroße Bällchen formen. Bällchen in einer Bratpfanne in wenig Olivenöl rundum anbraten, Minzjus zugeben, Fleischbällchen darin wenden (glasieren).

3 Minze-Spinat auf vorgewärmten Tellern anrichten, Kartoffelstock in die Mitte geben, Kalbfleischbällchen dazulegen.

Tipp Für die Fleischbällchen kann auch Lammfleisch verwendet werden.

Kalbfleischbällchen
im Minzjus glasiert

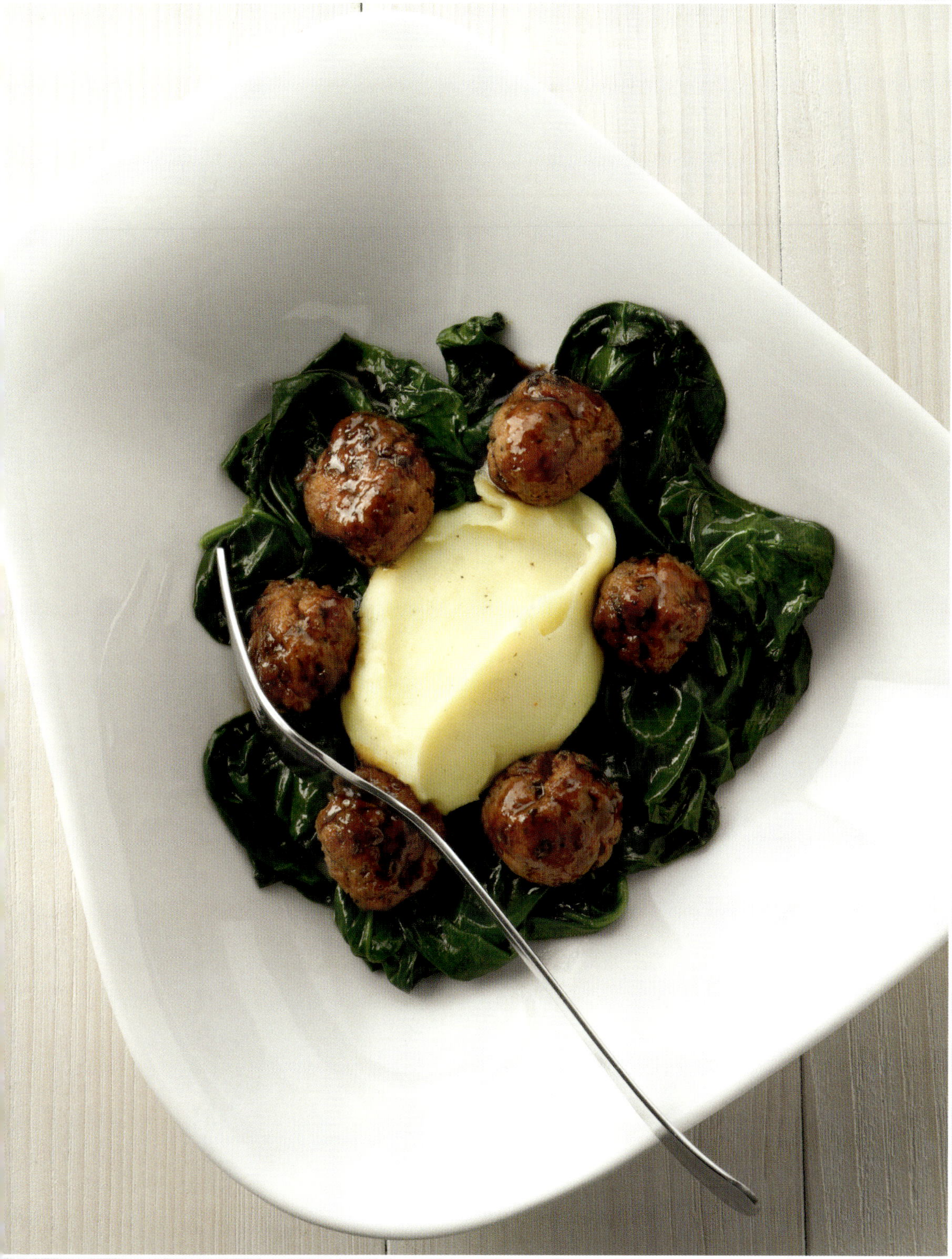

2 EL Olivenöl extra nativ
8 Schweinefiletmedaillons, je 60 g
1 EL Fleur de Sel
frisch gemahlener schwarzer Pfeffer

4 kleine Artischocken
1 EL Zitronensaft
2 EL Minzöl, Seite 128
Salz
frisch gemahlener Pfeffer

40 g Minzbutter, Seite 130

Pommes frites
600 g große mehlig kochende Kartoffeln
1 l Erdnussöl
Minzsalz, Seite 131

1 Stiel der Artischocken 2 cm unter dem Artischockenboden kappen. Die äußeren Blätter vorsichtig abbrechen, ohne den Boden zu verletzen. Die restlichen Blätter wegschneiden. Mit dem Sparschäler alle grünen Stellen abschälen. Artischocken vierteln, das Heu (Blütenfäden) sorgfältig entfernen. Die Viertel nochmals halbieren, mit Zitronensaft beträufeln, mischen.

2 Die Kartoffeln schälen, in etwa 5 mm dicke Stäbchen schneiden, gut wässern, in einem Küchentuch trocknen. Frittieröl auf 160 °C erhitzen, die Kartoffelstäbchen portionsweise 4 Minuten frittieren. Auf Küchenpapier entfetten.

3 Den Backofen auf 80 °C aufheizen.

4 Die Medaillons mit Salz und Pfeffer würzen. In einer Bratpfanne das Olivenöl erhitzen, die Medaillons auf jeder Seite bei mittlerer Hitze 4 Minuten braten. Auf ein Kuchengitter legen, im vorgewärmten Backofen warm stellen.

5 Die Artischocken in der Fleischpfanne braten, vor dem Servieren mit Minzöl, Salz und Pfeffer würzen.

6 Das Frittieröl auf 180 °C erhitzen, Kartoffelstäbchen zugeben, knusprig frittieren, im Korb gut abtropfen lassen, in eine Schüssel geben, mit dem Minzsalz salzen.

7 Pommes frites und Artischocken auf vorgewärmten Tellern anrichten. Schweinemedaillons darauf legen, mit der Minzbutter überziehen.

Schweinemedaillons
mit Minzbutter und Artischocken

– Geflügel – Fleisch

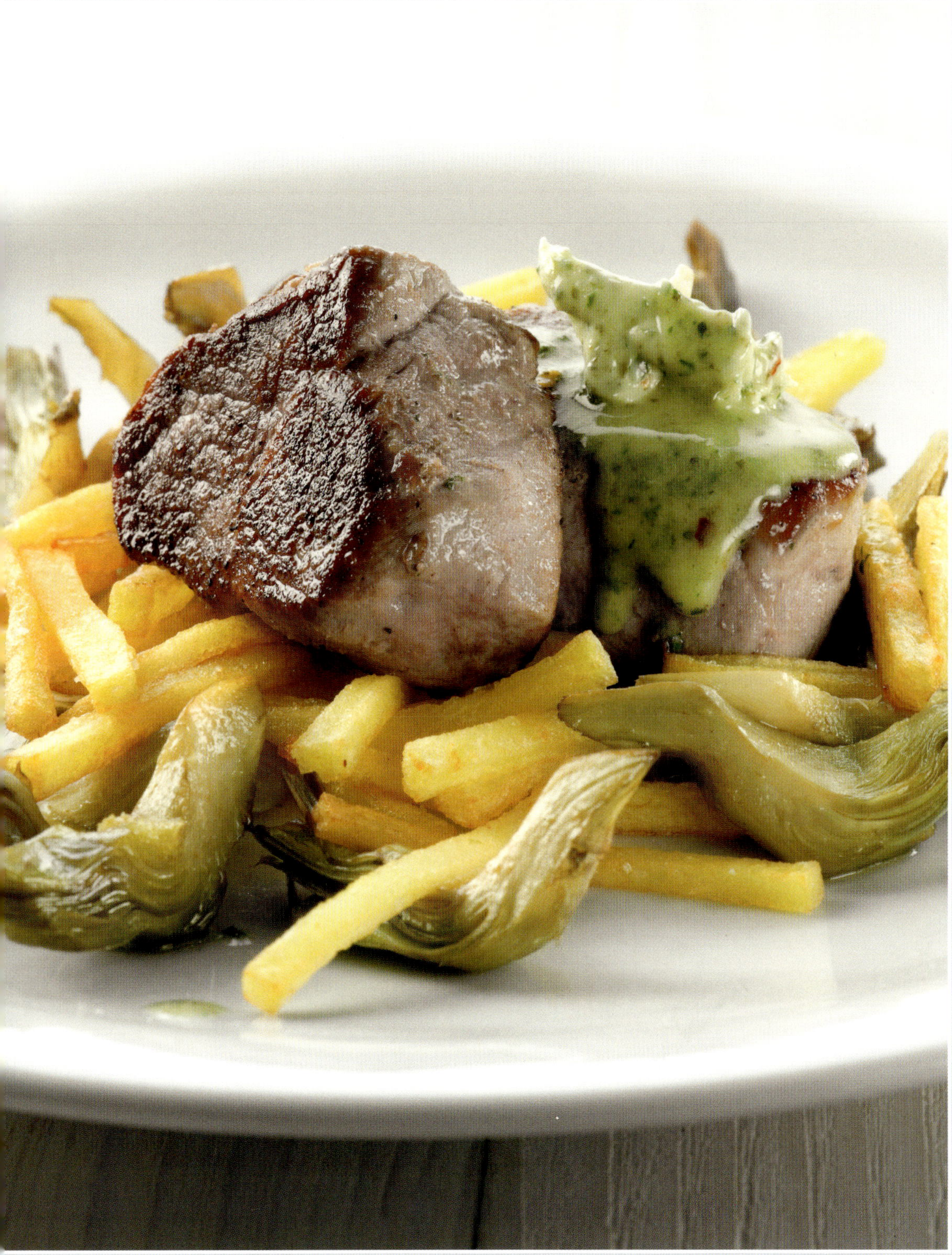

1 Schweinehals vom Jungschwein

Marinade
1 Bund Ananas-Minze, Blättchen abgezupft, fein gehackt
2 EL Akazienhonig
1 EL zerdrückte schwarze Pfefferkörner
½ TL Fleur de Sel

1 EL Olivenöl extra nativ
1 dl/100 ml Weißwein
1 dl/100 ml Bratjus
40 g gekühlte Butterwürfelchen
frisch gemahlener Pfeffer
Meersalz

Apfelrösti
50 g Butter
250 g altbackenes Weiß- oder Milchbrot oder Butterzopf
500 g Äpfel, z. B. Boskoop, Cox Orange, Jonathan
1 dl/100 ml Apfelsaft
je 1 EL grüne und rote Pfefferkörner

1 Minze und Honig in einem Saucenpfännchen bei schwacher Hitze verrühren, erkalten lassen. Pfefferkörner und Fleur de Sel zufügen. Schweinehals mit der Marinade einpinseln. Fleisch im Kühlschrank über Nacht marinieren.

2 Backofen auf 220 °C vorheizen. Das Olivenöl in den Bräter geben, im Ofen erhitzen, den marinierten Schweinehals auf der Fettseite 10 Minuten anbraten, das Fleisch wenden, weitere 10 Minuten braten. Das Fleisch aus dem Bräter nehmen. Das Fett abgießen. Bratsatz mit Weißwein und Bratjus ablöschen, in das Saucenpfännchen gießen. Den Ofen auf 120 °C zurückschalten. Das Fleisch in den Bräter legen. In den Ofen schieben, immer wieder mit ein wenig Bratfond aus dem Saucenpfännchen übergießen, 20 Minuten gar ziehen lassen. Bräter aus dem Ofen nehmen. Schweinehals bei Zimmertemperatur zugedeckt etwa 10 Minuten stehen lassen. Den Ofen auf 80 °C zurückschalten. Den Braten auf ein Gitter mit Untersatz legen, im Ofen bei 80 °C mindestens 60 Minuten gar ziehen lassen.

3 Brot in kleine Stücke (Vierecke) schneiden. Äpfel schälen, vierteln, entkernen, Fruchtviertel in Schnitze schneiden. Die Butter in einer Pfanne zerlassen, die Brotstückchen darin goldbraun braten, Apfelschnitzchen, Apfelsaft und Pfefferkörner zugeben, bei mittlerer Hitze zugedeckt dünsten, bis die Äpfel weich sind, immer wieder rühren.

4 Den Bratjus auf ½ dl/50 ml einkochen lassen. Vor dem Servieren die Butter in die kochend heiße Sauce rühren, nicht mehr kochen, würzen.

5 Die Apfelrösti auf vorgewärmten Tellern anrichten. Den Schweinehals in Scheiben schneiden, darauf legen.

Jungschwein-Minzbraten
mit pfeffriger Apfelrösti

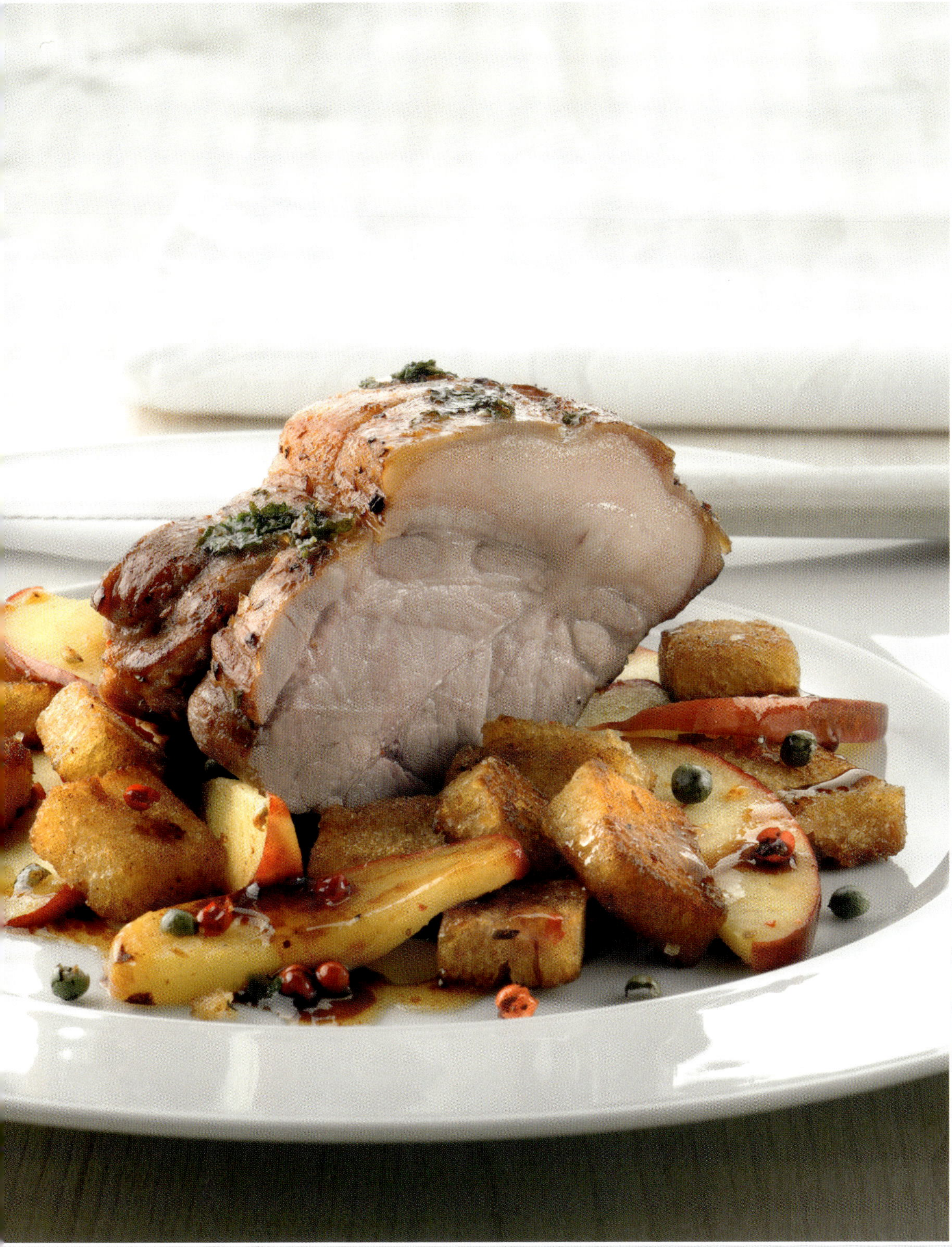

Olivenöl zum Braten
2 Lammracks, je 400 g
(Fleisch mit Knochen, zwischen
mittlerem Hals und Filet/Lende)
frisch gemahlener schwarzer Pfeffer
2 EL getrocknete Minze,
verrieben
1 EL Fleur de Sel
4 Scheiben Toastbrot
1 Bund Englische Minze,
Blättchen abgezupft und gehackt
40 g Minzbutter, Seite 130
1 Prise Cayennepfeffer
1 Prise Fleur de Sel
1 EL grobkörniger Senf

Gemüse

1 EL Olivenöl extra nativ
1 kleine Zwiebel, gehackt
je 4 EL Brunoise
(1 mm große Würfelchen)
von Karotten/Möhren und
Pfälzer Rüben/gelben Rüben
12 Cocobohnen (breite Bohnen)
frisch gemahlener schwarzer Pfeffer
1 TL Minzsalz, Seite 131
½ Bund Englische Minze, Blättchen
abgezupft und gehackt
2 EL Minzöl, Seite 128

1 Pfeffer, getrocknete Minze und Fleur de Sel mischen, Lammracks damit einreiben.

2 Den Backofen auf 150 °C vorheizen, ein Backblech vorwärmen.

3 Lammracks in einer Bratpfanne im Olivenöl 10 Minuten von allen Seiten anbraten. Auf ein Kuchengitter legen, zusammen mit einem Kuchenblech als «Auffangsschale» in den vorgeheizten Ofen schieben, bei 150 °C 10 Minuten garen. Ofen bei geöffneter Türe auf 80 °C zurückschalten. Die Racks mindestens 20 Minuten nachgaren.

4 Den Stielansatz bei den Bohnen wegschneiden, zweimal schräg durchschneiden, im Dampf 2 bis 3 Minuten vorgaren. In einer Sauteuse (flache Pfanne) das Olivenöl auf zirka 100 °C erhitzen, Zwiebeln und Gemüsewürfelchen dazugeben und glasig dünsten, Bohnen zugeben, knackig dünsten, mit Pfeffer, Minzsalz, Minze und Minzöl würzen.

5 Für die Panade das Toastbrot entrinden, fein zerkrümeln. Die Minzbutter zerlassen, Pfanne von der Wärmequelle nehmen, Brotkrümel, Minze, Cayennepfeffer und Fleur de sel mit der Butter vermengen.

6 Lammracks aus dem Ofen nehmen. Den Ofen auf 230 °C vorheizen. Die Racks mit dem grobkörnigen Senf einreiben, Brot-Minze-Panade auf die Racks verteilen. Die Racks auf ein Kuchenblech legen. In der Mitte in den Ofen schieben, Kruste hellbraun werden lassen.

7 Lammracks halbieren, auf dem Bohnengemüse anrichten.

Lammracks
in der Minzkruste

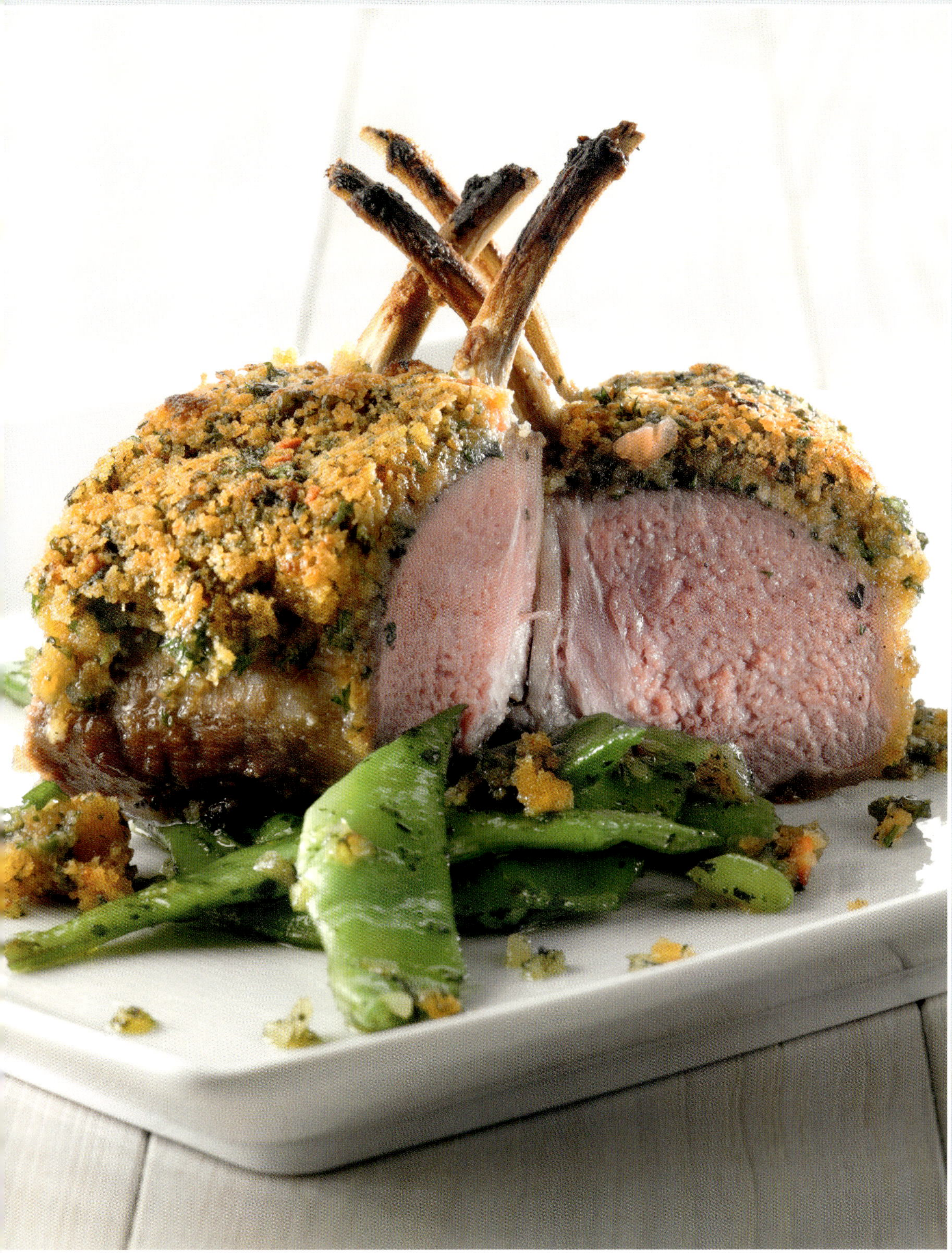

Moussaka
mit Minz-Tzatziki

2 EL Olivenöl extra nativ
600 g gehacktes Lammfleisch
1 mittelgroße Zwiebel, gehackt
2 mittelgroße Karotten/Möhren,
geschält und klein gewürfelt
1 Chilischote, längs halbiert,
entkernt, in Streifen
3 Tomaten, geschält,
klein gewürfelt, entkernt
1 EL Minzsalz

2 Auberginen
1 EL Salz
Olivenöl extra nativ

800 mehlig kochende Kartoffeln,
ca. 6 Stück
1 Rezeptmenge Béchamelsauce,
Seite 134

Minz-Tzatziki
1 Becher Schafmilchjogurt, 180 g
½ Freilandgurke
1 Bund Englische Minze
frisch gemahlener schwarzer Pfeffer
½ TL Kräutersalz

1 Backofen auf 220 °C vorheizen.

2 Auberginen beidseitig kappen, schälen, in etwa 1 cm dicke Scheiben schneiden, beidseitig mit Salz bestreuen, in eine Schüssel legen, etwa 1 Stunde ziehen lassen. Auberginenscheiben auf Küchenpapier legen und trocknen. Ein Backblech mit Olivenöl einpinseln, Auberginenscheiben darauf legen, im Ofen bei 220 °C beidseitig hellbraun grillen. Auf einem Teller erkalten lassen.

3 Backofen auf 200 °C zurückschalten.

4 Kartoffeln schälen und in 5 mm dicke Scheiben schneiden, im Dampf 3 Minuten vorgaren, auf einem Backblech ausdampfen lassen.

5 Das Olivenöl in einem Brattopf erhitzen, Hackfleisch portionsweise anbraten. Hackfleisch, Zwiebeln, Karotten, Chili und Tomaten in den Brattopf geben, gut verrühren, dünsten, bis die Bratflüssigkeit eingekocht ist, mit Minzsalz würzen.

6 Eine Gratinform von zirka 20 cm Länge mit Olivenöl einfetten. Den Boden mit einem Teil der Kartoffelscheiben belegen, mit einem Teil Hackfleisch bedecken, mit wenig Béchamelsauce beträufeln, weiterfahren mit Auberginen, das Ganze nochmals wiederholen. Restliche Béchamelsauce darüber verteilen, mit dem Parmesan bestreuen. Moussaka in der Mitte in den Ofen schieben, bei 200 °C 45 Minuten backen. Den Ofen ausschalten. Moussaka bei offener Ofentür 20 Minuten stehen lassen.

7 Für das Tzatziki die Gurke schälen, halbieren und entkernen, Hälften in kleine Würfel schneiden. Minzeblättchen von den Stielen zupfen und grob hacken. Gurken und Minze unter den Jogurt rühren, würzen.

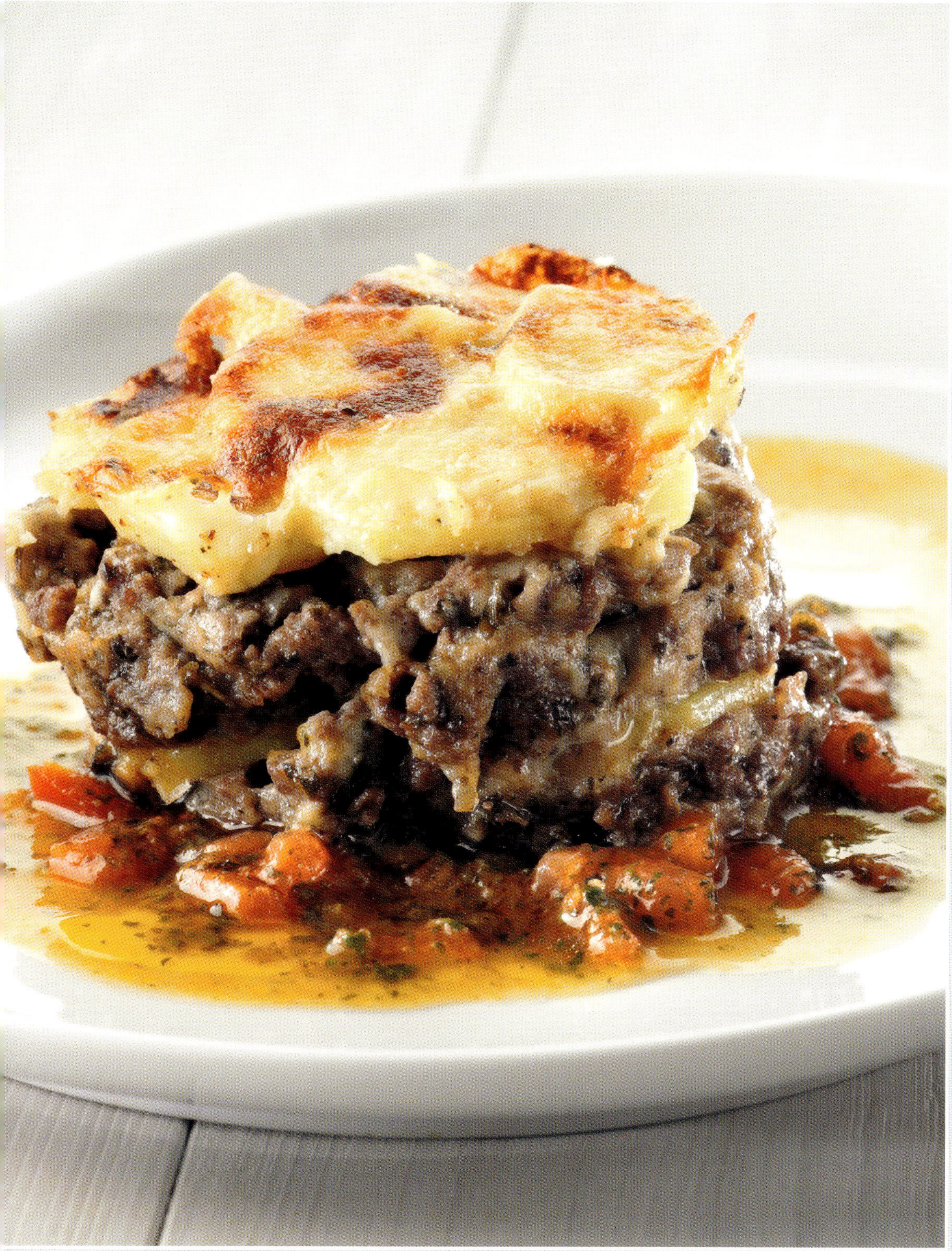

108	**Früchte im Minzfond**
110	**Torrejas** auf Ananas-Minze-Salsa
112	**Minzparfait** mit Schokoladensauce
114	**Schokoladentörtchen** mit Minz-Zabaione und Erdbeerragout
116	**Quarkmousse** mit Beeren-Allerlei
118	**Mango surprise**
120	**Schokomint-Türmchen** mit Orangensalat
122	**Aprikosen** mit Apfelminz-Sauce
124	**Minzfrappé**
124	**Joghurtdrink**
125	**Minze-Bowle sensa**

Desserts und Getränke

Englische Minze   Mentha x piperita 'Mitcham'

Minzfond

4 Zweiglein Ananas-Minze
1 dl/100 ml Wasser
2 EL Minzsirup, Seite 131
2 EL Holunderbeersirup
1 EL Minzlikör, Seite 131
1 Zitrone, Saft

1 Nektarine
4 frische Pflaumen
1 Birne
2 frische Feigen

Ananas-Minze für die Garnitur

1 Die Dessertschalen kühl stellen.

2 Minzeblätter von den Stielen zupfen. Das Wasser aufkochen und über die Minzeblätter gießen, 10 Minuten zugedeckt ziehen lassen. Durch ein feines Sieb gießen. Minztee, Minz- und Holunderbeersirup, Minzlikör und Zitronensaft mischen. Gut durchkühlen lassen.

3 Nektarine halbieren und entsteinen, in feine Schnitze schneiden. Pflaumen halbieren und entsteinen. Birne halbieren, das Kerngehäuse entfernen, in feine Schnitze schneiden. Den Stielansatz der Feigen wegschneiden, Früchte vierteln.

4 Die Früchte mit dem Minzfond mischen, 30 Minuten marinieren. Fruchtsalat in die vorgekühlten Dessertschalen verteilen, mit Minze garnieren.

Tipp Der Minzfond eignet sich auch zum Veredeln von Prosecco oder Champagner: 1 TL Minzfond in ein Champagnerglas/Flûte geben, mit gut gekühltem Prosecco oder Champagner auffüllen.

Früchte im Minzfond

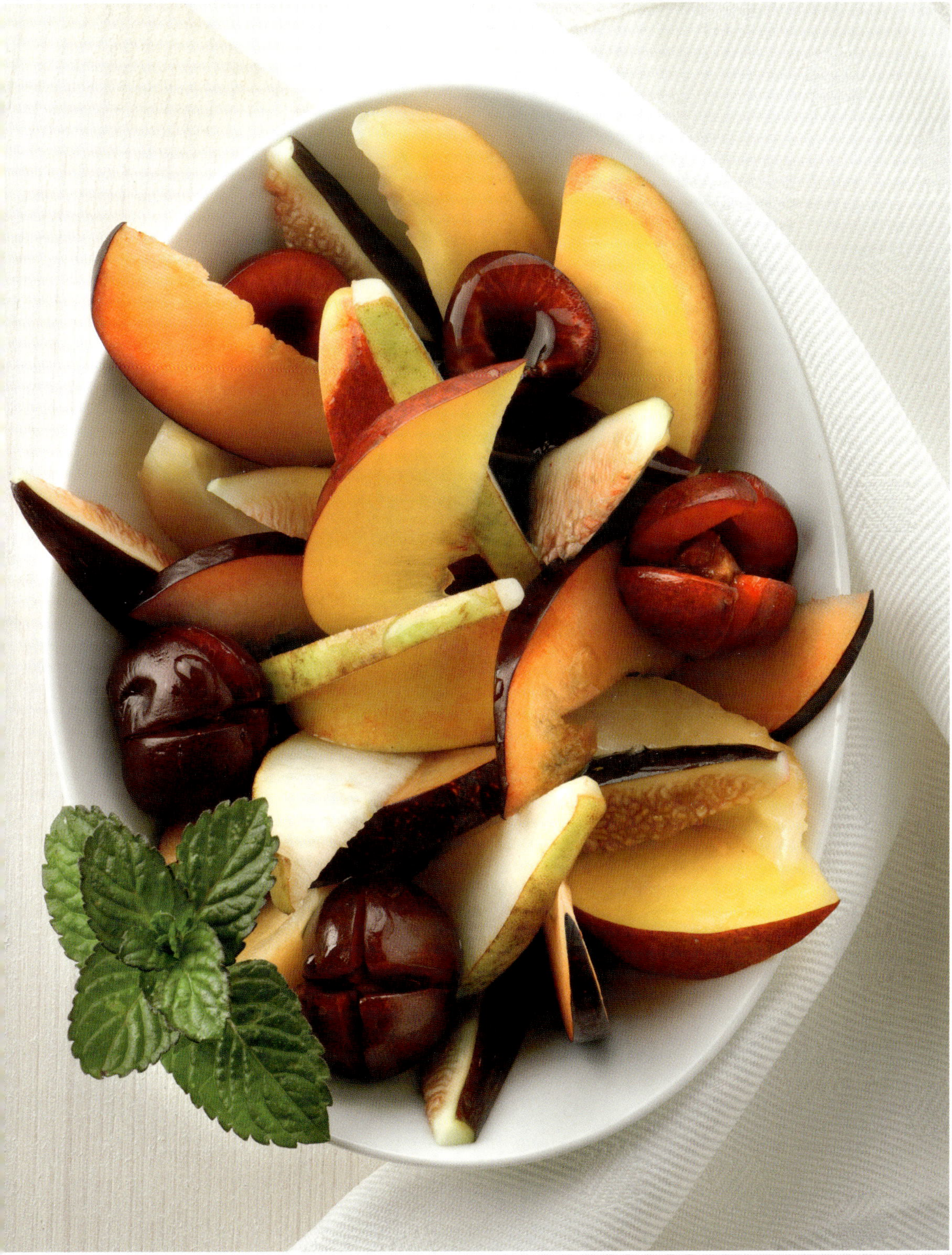

Torrejas

250 g Toastbrot,
in ca. 1 cm dicken Scheiben
2 Freilandeier
1 dl/100 ml Milch
175 g Butter
210 g Akazienblütenhonig
4 EL Apfelsaft

Ananas-Minze-Salsa

1 Baby-Ananas
100 g Zucker
1 dl/100 ml Wasser
wenig frisch gemahlener
schwarzer Pfeffer
2 Limetten, Saft
1 Zweiglein Ananas-Minze,
Blättchen abgezupft und
grob gehackt

1 Den Backofen auf 180 °C vorheizen

2 Die Toastbrotscheiben auf ein Backblech legen. Eier und Milch mit dem Schneebesen verquirlen, die Brotscheiben damit beträufeln. Die Butter in einer Bratpfanne warm werden lassen, die Brotscheiben in der Butter beidseitig braten. Jede Brotscheiben in 4 Dreiecke schneiden, ziegelartig in eine ofenfeste Form füllen. Honig und Apfelsaft verrühren, auf die Brotdreiecke verteilen. Torrejas in der Mitte in den Ofen schieben, bei 180 °C etwa 40 Minuten backen, bis die Oberfläche goldgelb ist.

3 Die Ananas beidseitig kappen, die Frucht schälen, braune Augen ausstechen, Ananas halbieren, den Strunk entfernen, Fruchtfleisch in kleine Würfel schneiden. Zucker, Wasser und Pfeffer in einer Pfanne aufkochen. Sirup über die Ananas gießen, 10 Minuten ziehen lassen. Die Hälfte der Ananaswürfelchen mit dem Limettensaft pürieren, restliche Ananaswürfelchen in ein Sieb abgießen, mit Ananaspüree und Minze mischen, mit Pfeffer abschmecken.

4 Torrejas auf der Ananas-Minze-Salsa anrichten.

Torrejas
auf Ananas-Minze-Salsa

Desserts und Getränke

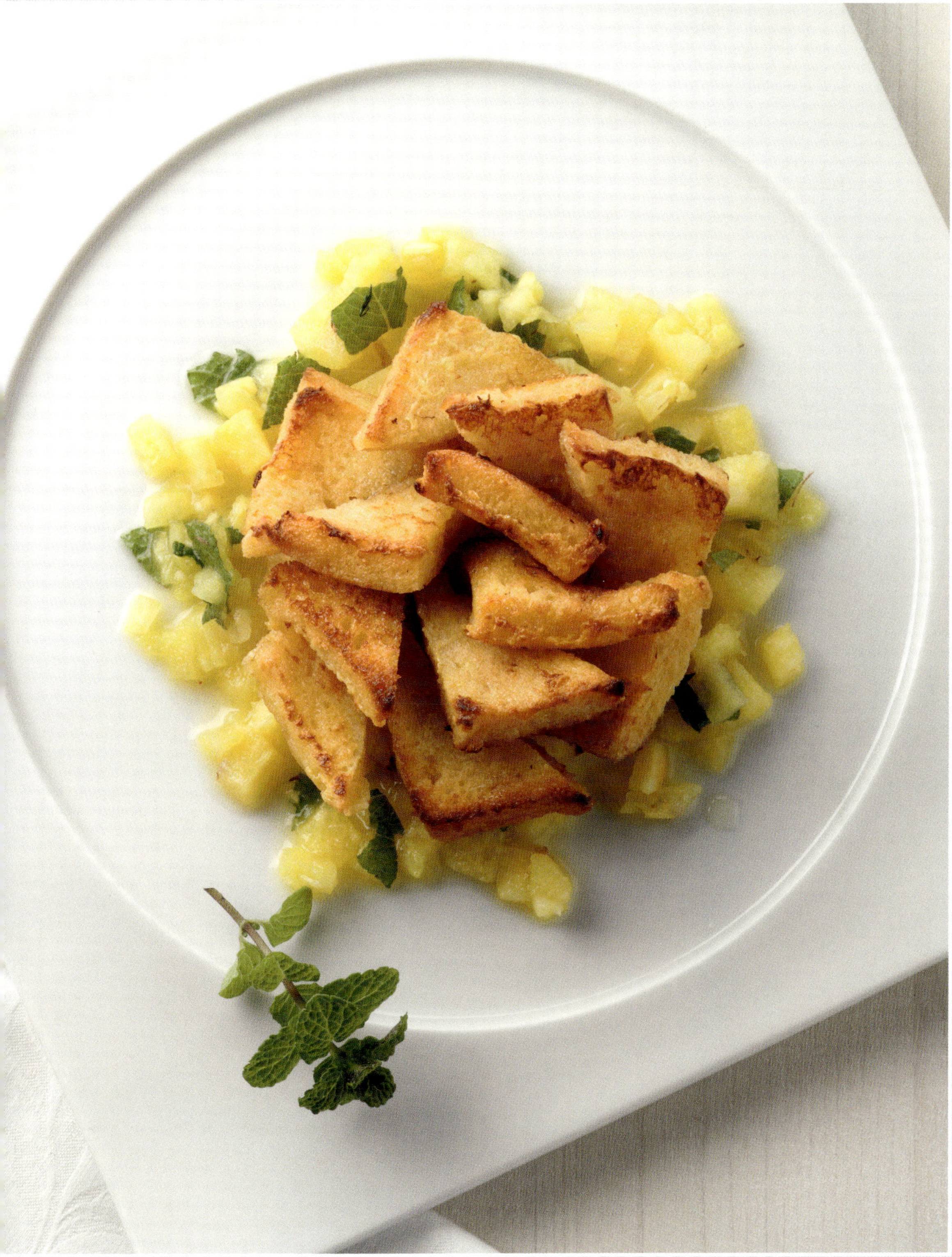

Minzparfait
mit Schokoladensauce

für 4 Förmchen

Minzparfait
4 Zweiglein Marokkanische Minze
2½ dl/250 ml Milch
1½ dl/150 ml Rahm/Sahne
3 Eigelbe von Freilandeiern
125 g Zucker
50 g dunkle Couverture,
72 % Fettanteil, gehackt

Schokoladensauce
1 dl/100 ml Wasser
30 g Zucker
20 Kakaopulver, ungezuckert
1 Zweiglein Schokoladen-Minze,
Blättchen abgezupft und gehackt
15 g Zartbitter-Schokolade, gehackt

Filoteigkörbchen
2 Filoteigblätter
1 EL flüssige Butter
flüssige Butter zum Einfetten

10 Blätter Marokkanische Minze,
in Streifchen

1 Für das Parfait die Minzeblätter von den Stielen zupfen und grob hacken. Milch und Rahm aufkochen, Minzeblätter zugeben, zugedeckt mindestens 30 Minuten ziehen lassen. Eigelbe und Zucker luftig aufschlagen. Minzemilch durch ein feines Sieb gießen und nochmals aufkochen, unter die Eigelbmasse rühren, bei schwacher Hitze unter ständigem Rühren mit dem Schneebesen unter dem Kochpunkt (nicht kochen) erhitzen. In einer Schüssel zugedeckt auskühlen lassen, dann im Kühlschrank über Nacht ziehen lassen. Am nächsten Tag die Schokoladenwürfelchen zufügen, die Parfaitmasse in der Eismaschine/Sorbetière gefrieren lassen. Oder die Parfaitmasse in eine Tiefkühldose füllen und im Tiefkühler gefrieren lassen (nicht rühren; der Fettanteil ist so hoch, dass sich keine Eiskristalle bilden können).

2 Alle Zutaten für die Schokoladensauce in eine kleine Schüssel geben, über dem Wasserbad schmelzen, zugedeckt abkühlen lassen.

3 Ein Filoteigblatt mit der flüssigen Butter bestreichen, in 10 cm große Quadrate schneiden, in 4 gebutterte Tarteletteförmchen legen, ein zweites Teigblatt verschoben darauf legen. Im vorgeheizten Ofen bei 180 °C etwa 10 Minuten backen.

4 Mit der Schokoladensauce eine Zeichnung auf die Teller machen, das Filoteigkörbchen darauf stellen, mit 3 Parfaitkugeln füllen, mit Minzestreifchen garnieren.

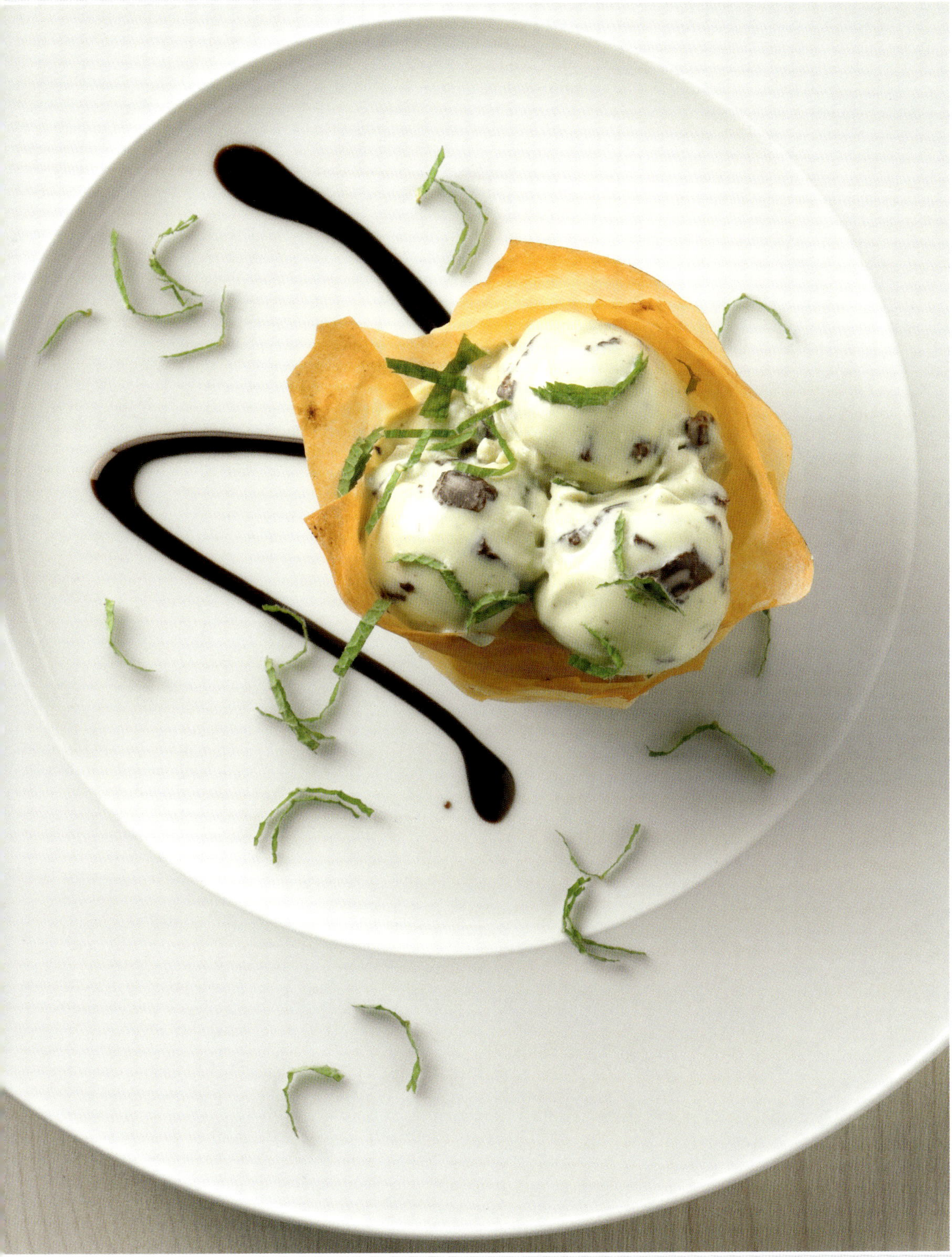

Schokoladentörtchen
mit Minz-Zabaione und Erdbeerragout

für 4–6 Förmchen
mit 1½ dl/150 ml Inhalt

Schokoladentörtchen
150 g Zartbitter-Schokolade
150 g Butter
3 Freilandeier
120 g Zucker
60 g Weißmehl/Mehltype 405

Butter für die Förmchen
Mehl für die Förmchen

Minze-Zabaione
1 dl/100 ml Weißwein
0,6 dl/60 ml Minzsirup, Seite 131
EL Orangensaft
60 g Eigelb von Freilandeiern
20 ml Minzlikör, Seite 131
1 unbehandelte Orange,
wenig abgeriebene Schale

Erdbeerragout
200 g Erdbeeren
4 EL Zucker
½ Zitrone, Saft

2 Zweiglein Schokoladen-Minze,
Blättchen abgezupft und
fein geschnitten

1 Die Souffléförmchen mit Butter einfetten und mit Mehl bestäuben.

2 Für die Schokoladentörtchen die Schokolade hacken, mit der Butter in einer kleinen Schüssel über dem kochenden Wasserbad schmelzen. Eier und Zucker verquirlen, unter die Schokoladenmasse rühren, das Mehl unterziehen. Den Teig in die vorbereiteten Förmchen füllen, einen Tag tiefkühlen. Am nächsten Tag Schokoladentörtchen im vorgeheizten Ofen bei 200 °C 20 Minuten backen.

3 Die Hälfte der Erdbeeren in Würfelchen schneiden. Restliche Beeren mit Zucker und Zitronensaft pürieren, mit den Erdbeerwürfelchen mischen.

4 Für die Zabaione Weißwein, Minzsirup, Orangensaft und Eigelb in einer kleinen Schüssel über dem kochenden Wasserbad zu einer cremigen Masse aufschlagen, Minzlikör und Orangenschalen unterrühren.

5 Erdbeerragout kreisförmig auf Tellern anrichten, mit den Minzestreifen garnieren. Kreis mit der Zabaione auffüllen, das Schokoladentörtchen in die Mitte stürzen, sofort servieren.

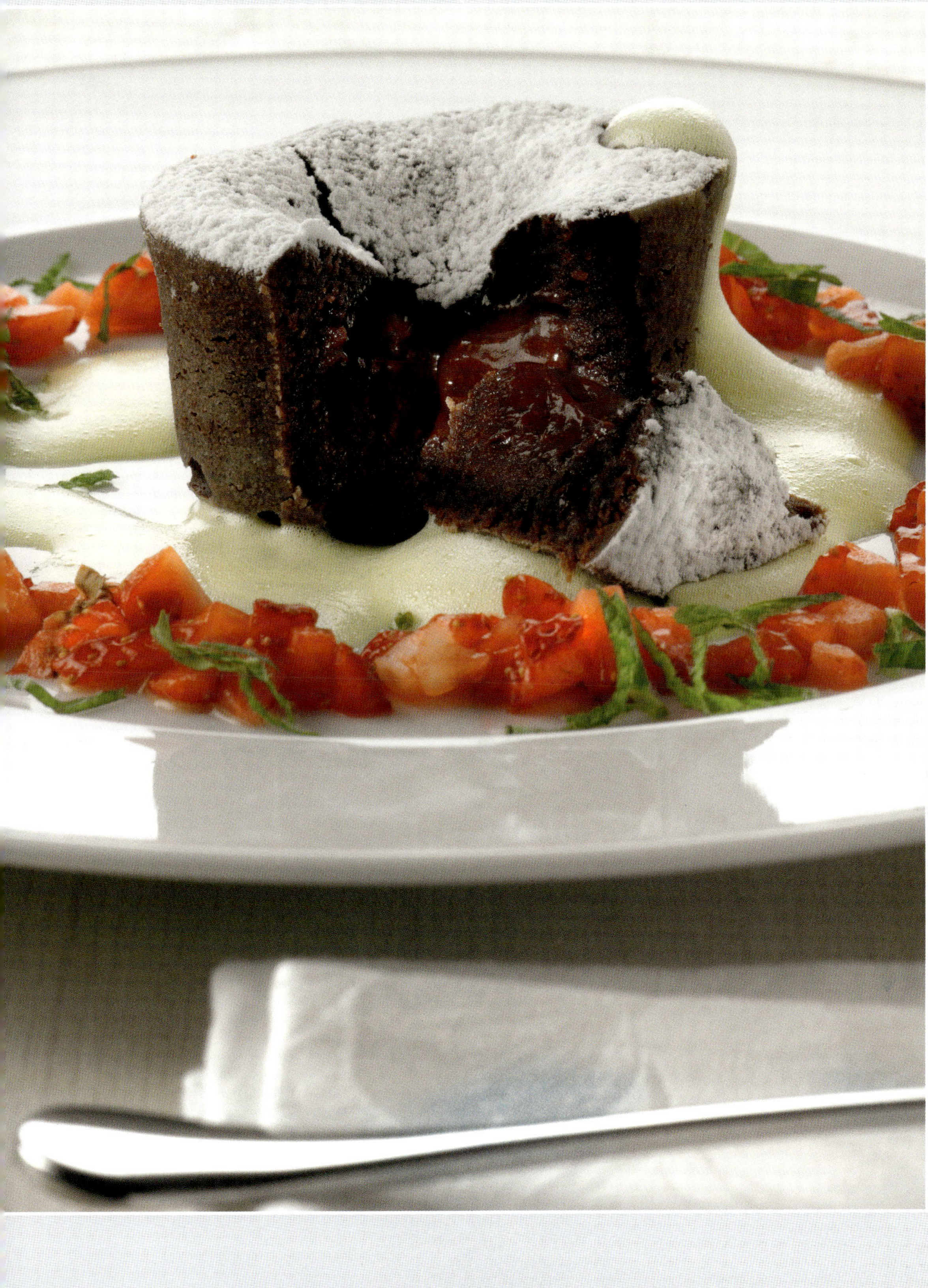

Mousse

100 g Magerquark
30 g Zucker
1 Vanilleschote, aufgeschnitten
2 EL Orangensaft
½ Limette, Saft
60 g Eiweiß
1 Prise Salz
1 EL Zucker
1,2 dl/120 ml Schlagrahm/-sahne

Beeren

250 g Erdbeeren
1 Zweiglein Apfel-Minze, Blättchen abgezupft und fein gehackt
100 g Himbeeren
100 g Blaubeeren/Heidelbeeren
½ Zitrone, Saft
1 EL Zucker

Apfel-Minze für die Garnitur

1 Quark in einem Sieb 3 Stunden abtropfen lassen.

2 Quark, Zucker, abgestreiftes Vanillemark und Orangensaft verrühren. Eiweiß mit der Prise Salz zu Schnee schlagen, Zucker unterrühren, kurz weiterschlagen. Eischnee unter die Quarkmasse heben. Schlagrahm unter die Mousse ziehen. Mousse in ein mit einem Baumwolltuch ausgelegtes Sieb füllen, 1 Stunde ruhen lassen.

3 Die schönsten vier Erdbeeren längs vierteln oder achteln. Restliche Erdbeeren, Minze, Zitronensaft und Zucker pürieren.

4 Die Mousse in Gläser verteilen, mit dem Erdbeerpüree auffüllen, mit den Beeren und der Minze garnieren.

Tipp Die Quarkmousse kann auch mit einem Esslöffel portioniert werden (Klößchen). Wichtig: Weil die Mousse kein Bindemittel enthält, muss sie am gleichen Tag gegessen werden.

Quarkmousse
mit Beeren-Allerlei

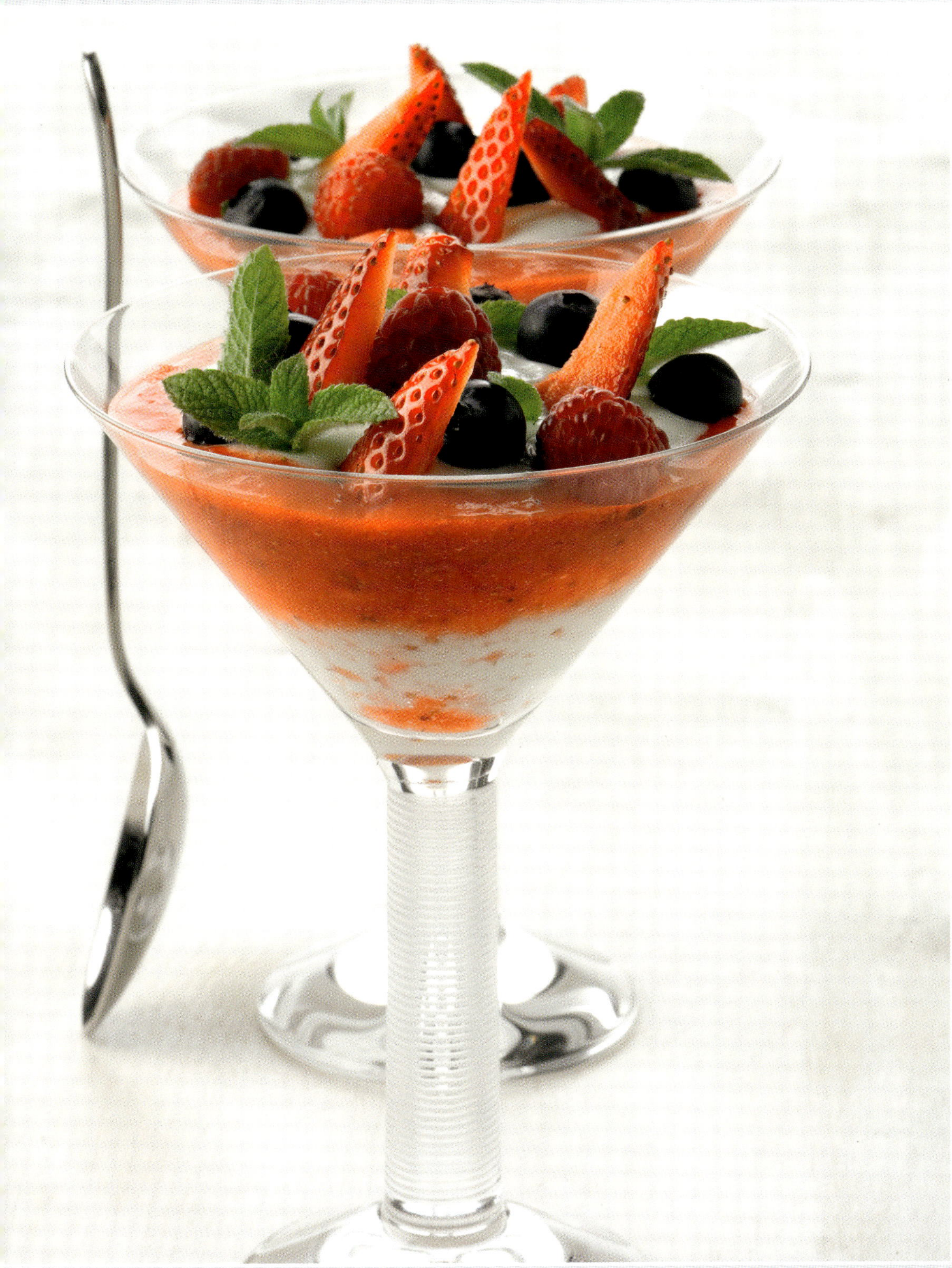

Mangocoulis
2 reife Mangos (Flug-Mangos)
4 EL Minzsirup, Seite 131
½ dl/50 ml Moscato d'Asti

Mangokompott
2 grüne Mangos (Thai-Shop)
1 roter Thai-Chili, aufgeschnitten und entkernt
1 Hand voll Thai-Minze
2 EL Akazienblütenhonig
1 Granatapfel, ausgelöste Kerne
1 Bund Thai-Minze, Blättchen abgezupft, in Streifen

Strudelteigbänder
100 g Strudelteig, Rezept Seite 134
2 EL flüssige Butter
10 zerdrückte rosa Pfefferkörner
2 zerdrückte Sternaniszacken

Thai-Minze für die Garnitur

1 Den Backofen auf 200 °C vorheizen.

2 Den Strudelteig möglichst dünn ausrollen. Bänder von 10 cm Länge und 5 cm Breite schneiden, mit Butter bestreichen und den Gewürzen bestreuen. Bänder längs falten und auf ein Kuchenblech legen. Im vorgeheizten Ofen bei 200 °C 8 Minuten knusprig backen.

3 Für das Mangocoulis die Früchte schälen, das Fruchtfleisch vom Stein schneiden, mit Minzsirup und Moscato pürieren, durch ein feines Sieb streichen.

4 Für das Mangokompott 2 dl/200 ml Wasser aufkochen, über die Chili und die Minze gießen, zugedeckt 5 Minuten ziehen lassen, durch ein Sieb gießen. Die Mangos schälen und in dicken Schnitzen vom Stein schneiden, Schnitze klein würfeln. Mangowürfelchen und Honig zum Minze-Chili-Tee geben, bei schwacher Hitze zugedeckt 5 Minuten köcheln lassen. Zugedeckt auskühlen lassen. Die Mangowürfelchen aus dem Fond nehmen, mit Granatapfelkernen und Minzestreifen mischen.

5 Mangowürfelchen in Gläser füllen, mit dem Mangocoulis auffüllen. Das Ganze mit einem Löffel aufrühren, mit Minzespitzen garnieren.

Mango surprise

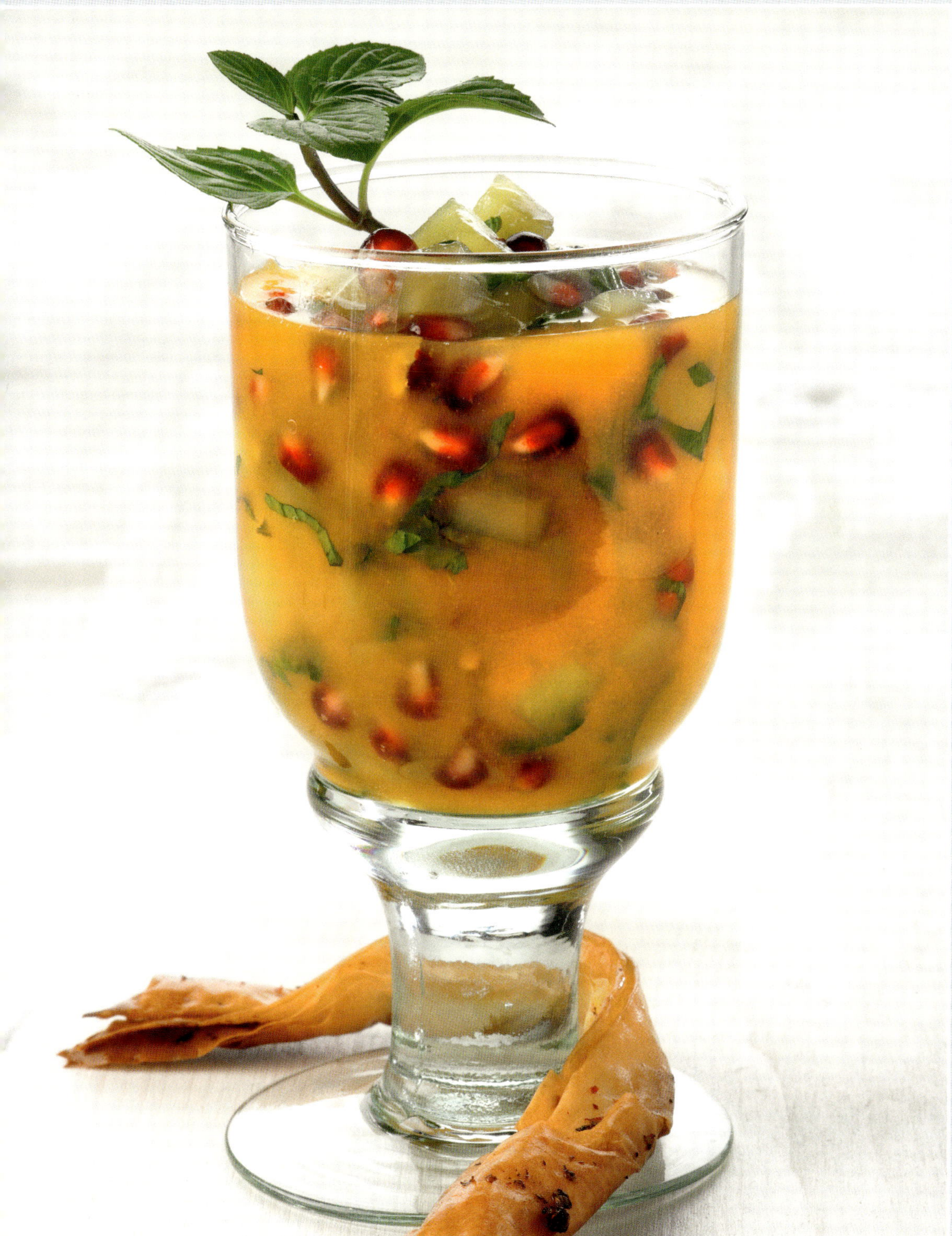

12 Schokoblättchen mit Minzfüllung

Minzcreme
1 dl/100 ml Rahm/Sahne
1 EL Minzlikör, Seite 131
½ EL Zucker

1 Bund Englische Minze

Orangensalat
1 große, süße Navelorange
1 dl/100 ml frisch gepresster Orangensaft
1 dl/100 ml Dessertwein
2 EL Orangenblütenwasser
1 EL Akazienblütenhonig
½ TL Maisstärke
1 EL Grand Marnier

1 Die Orange mit einem Messer großzügig schälen, auch die weiße Haut entfernen. Von der Mitte der Orange vier Scheiben schneiden. Das restliche Fruchtfleisch entsaften.

2 Orangensaft und Dessertwein auf die Hälfte einkochen lassen. Honig und Orangenblütenwasser verrühren, zum Orangensaft geben. Maisstärke und Grand Marnier verrühren, zum Orangensaft geben, 1 Minute köcheln. Auskühlen lassen. Die Orangenscheiben in der ausgekühlten Orangensauce 1 Stunde marinieren.

3 Für die Creme Rahm, Minzlikör und Zucker steif schlagen.

4 Minzespitzen für die Garnitur zur Seite legen, restliche Blätter von den Stielen zupfen und in feine Streifen schneiden.

5 Mit der Orangensauce einen Spiegel auf Teller gießen, Orangenscheiben darauf legen. Abwechselnd Schokoblättchen und Minzcreme auf die Orangenscheibe türmen, mit Minzcremehäubchen abschließen. Mit Minzespitzen und Streifen garnieren.

Tipp Es lohnt sich eine Navelorange zu kaufen; sie ist groß, blond, hat keine Kerne und ist fruchtig.

Schokomint-Türmchen
mit Orangensalat

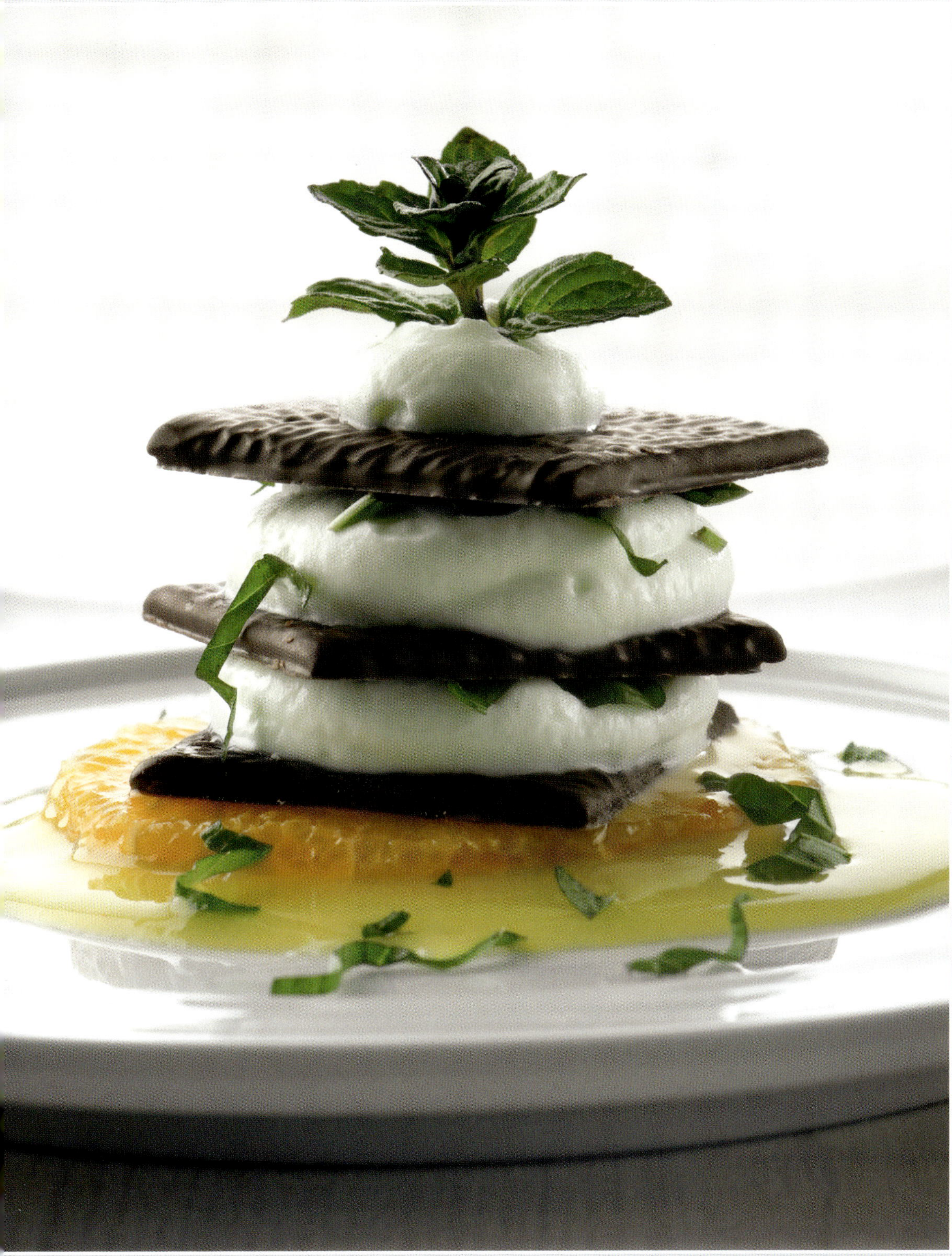

Apfel-Minze-Sauce
1 Eigelb von einem Freilandei
½ EL Zucker
10 g Maisstärke
1½ dl/150 ml Apfelsaft
1 Zweiglein Apfel-Minze
2 EL Minzlikör, Seite 131
½ Limette, Saft

½ reckteckig ausgerollter Blätterteig
1 Eigelb zum Bestreichen

Pochierte Aprikosen
4 feste, reife Aprikosen
½ dl/50 ml Süßwein

Apfel-Minze für die Garnitur
10 geröstete Haselnüsse, zerdrückt
Puderzucker

1 Die Aprikosen halbieren und entsteinen, den Stielansatz entfernen, die Hälften nochmals halbieren. Den Süßwein in einer weiten Pfanne aufkochen, Aprikosenviertel hineinlegen, auf der ausgeschalteten Wärmquelle zugedeckt pochieren. Aus dem Fond nehmen und auf Küchenpapier abtropfen lassen. Den Fond für die Apfelsauce zur Seite stellen.

2 Für die Apfel-Minze-Sauce Eigelb mit dem Zucker luftig aufschlagen. Maisstärke mit 2 EL Apfelsaft verrühren. Apfelsaft mit dem Minzezweiglein aufkochen, unter das Eigelb rühren, zurück in die Pfanne geben, Maisstärke unterrühren, die Creme bei schwacher Hitze köcheln, bis sie bindet, Minzlikör und Limettensaft unterrühren. Durch ein feines Sieb streichen, zugedeckt kühl stellen.

3 Die Teller kühl stellen.

4 Den Backofen auf 200 °C vorheizen.

5 Aus dem Blätterteig Bänder von etwa 5 cm Breite schneiden, diese in Vierecke oder Rauten teilen, auf ein Backblech legen, mit Eigelb bepinseln, im vorgeheizten Ofen bei 200 °C 10 Minuten knusprig backen.

6 Die gekühlte Apfelsauce mit dem Aprikosenfond glatt rühren, auf die gekühlten Teller verteilen. Die Aprikosenviertel auf die Sauce legen, mit den Minzeblättchen garnieren. Blätterteig darauf legen, mit Haselnüssen bestreuen, mit dem Puderzucker bestäuben.

Aprikosen
mit Apfelminze-Sauce

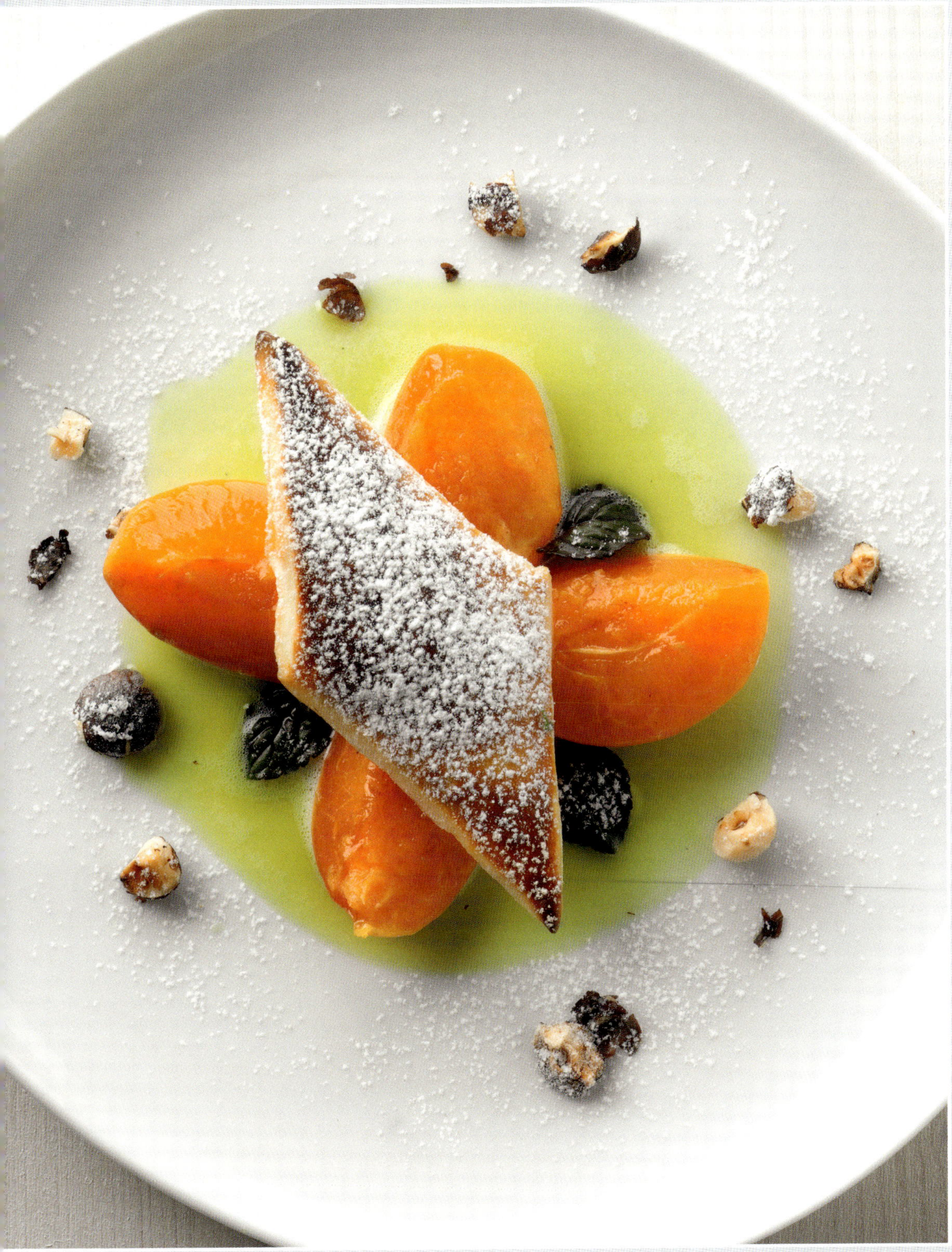

Minzfrappé

4 Kugeln Vanilleeis, Seite 139
1 dl/100 ml teilentrahmte Milch
1 Zweiglein Kentucky Spearmint-Minze oder Grüne Minze

1 Minzeblättchen von den Stielen zupfen und fein hacken.

2 Minze und Milch mixen, Vanilleeis zugeben, schaumig mixen. Auf die Gläser verteilen, sofort servieren.

Abbildung Seite 125, Glas mit Trinkhalm

Jogurtdrink

1 Naturjogurt
1 Mini-Banane, z. B. Apfel- oder Fingerbanane
2 EL Zucker
1 Limette
4 EL Minzsirup, Seite 131
2 Zweiglein Arabische Minze

Minzezweiglein für die Garnitur

1 Minzeblättchen von den Stielen zupfen und fein hacken.

2 Die Banane schälen und mit einer Gabel zerdrücken.

3 Die Limette mit heißem Wasser abwaschen, die Hälfte der Schale fein abreiben. Die Limette entsaften.

4 Jogurt, Banane, Zucker und Limettensaft mixen.

5 Minzsirup in die Gläser verteilen. Den Jogurtmix über einen Löffelrücken in das Glas laufen lassen, damit sich der Sirup nicht mit dem Jogurt vermischt. Mit Minzeblättchen garnieren.

Abbildung Seite 125, linkes Glas

Minze-Bowle sensa

1 Bund Englische Minze
1 Zitrone, Saft
2 EL Minzsirup, Seite 131
2 EL Holunderblütensirup
½ l gekühltes Tonic Water

100 g Himbeeren
1 Limette
4 Zweiglein Englische Minze
für die Garnitur

1 Die Minze von den Stielen zupfen und grob hacken, mit Zitronensaft und Sirup in eine Schüssel geben. 2 dl/200 ml Wasser aufkochen, über die Minze gießen. Zugedeckt 5 Minuten ziehen lassen. Durch ein feines Sieb passieren, erkalten lassen, dann gut durchkühlen lassen.

2 Limette längs halbieren, Hälften quer in feine Scheiben schneiden, entkernen.

3 Limetten und Himbeeren in eine Bowle geben, mit dem gekühlten Minztee und dem Tonic Water aufgießen, 1 Stunde kühl stellen. In Gläser füllen. Mit Minze garnieren.

Abbildung links

128	Minzessig
128	Minzöl
129	Minzfond
129	Minzpesto
130	Minzjus
130	Minzbutter
131	Minzsalz
131	Minzschaum
131	Minzsirup und Minzlikör

Minze-Grundrezepte

Schweizer Minze   Mentha x piperita 'Swiss-mint'

Minzessig

7 dl/700 ml weißer Balsamico
1 EL Zucker
2–3 Zweiglein Minze
1 TL zerdrückte schwarze Pfefferkörner
1 getrocknete Chilischote

Alle Zutaten in eine dunkle Flasche mit Schraubverschluss/Zapfen füllen. 2 Tage an einem sonnigen Ort stehen lassen. Im Keller einen Monat ziehen lassen. Den Glasinhalt durch ein feines Tuch passieren, den Essig wieder in die Flasche füllen. Mit Etikett und Datum versehen. Haltbarkeit: 6 Monate.

Tipp Es ist wichtig, einen erstklassigen Essig zu verwenden.

Minzeart Ideal sind «die Duftenden oder Fruchtigen» (suaveolens) oder «die Muntermacher» (aquatica f. citrata).

Minzöl

2 dl/200 ml Olivenöl extra nativ
8 Zweiglein Minze
wenig Fleur de Sel
frisch gemahlener schwarzer Pfeffer

1 Die Minzeblättchen von den Stielen zupfen und hacken.

2 Olivenöl auf 40 °C erwärmen, Minze beigeben, mit Fleur de Sel und Pfeffer abschmecken, mit dem Stabmixer pürieren. Über Nacht zugedeckt stehen lassen.

3 Das Öl durch ein feines Sieb gießen. Vor Gebrauch gut schütteln.

Tipp Ein mildes Olivenöl verwenden.

Minzeart Ideal sind «die Duftenden oder Fruchtigen» (suaveolens) oder «die Muntermacher» (aquatica f. citrata).

Minzfond

je 50 g Knollensellerie, Karotten, Petersilienwurzel, Pastinaken, alles geschält und zerkleinert
wenig weißer Lauch, in Streifchen
1 Zitronengrasstängel, klein geschnitten
½ Chilischote, entkernt, in Streifchen
1 Lorbeerblatt
10 zerrdrückte Koriandersamen
10 zerrdrückte Pfefferkörner
1 Hand voll getrocknete Arabische Minze
1 Bund Englische Minze
2 g Agar-Agar-Pulver (Reformhaus/Bioladen)

1 1½ Liter Wasser aufkochen, Gemüse, Gewürze und getrocknete Minze zugeben, bei schwacher Hitze 1 Stunde köcheln lassen, die Englische Minze die letzten 10 Minuten mitköcheln. Durch ein feines Sieb gießen.

2 Minzfond aufkochen, Agar-Agar einrühren, auf 7 dl/700 ml einkochen lassen.

Tipp Den Fond nicht salzen.

Minzpesto

2 Bund Englische Minze
2 EL gehackte Pistazien
½ Chilischote, entkernt, in Streifchen
4 EL Orangenöl, Seite 60
½ dl/50 ml Minzöl, Seite 128
100 g sehr reifer Pecorino, gerieben
2 EL heiße Gemüsebrühe

1 Minzeblätter von den Stielen zupfen und grob hacken.

2 Alle Zutaten fein pürieren.

Verwendung Zu einer sommerlichen Gemüsesuppe, zu Past mit Krustentieren und zu Ratatouille.

Tipp Pesto in kleine Gläser mit Schraubverschluss füllen, mit Olivenöl bedecken. Kann so während Monaten im Kühlschrank gelagert werden.

Minzjus

1 dl/100 ml Moscato d'Asti
1 Beutel Minztee
50 g fein geschnittener weißer Lauch
½ Chilischote, entkernt und fein geschnitten
2 dl/200 ml Bratjus (Glas)
1 EL Butter

Minze mit dem Moscato in einen Topf geben, Lauch und Chilischote beifügen, auf 2 Esslöffel einkochen lassen. Mit dem Bratjus auffüllen, bei schwacher Hitze auf ein Drittel einkochen lassen. Jus durch ein feines Sieb passieren in eine Sauteuse (flache Pfanne) gießen, erhitzen, Butter unterrühren.

Minzbutter

200 g weiche Butter
1 Limette, Saft
10 zerdrückte rosa Pfefferkörner
1 Bund Marokkanische Minze
1 TL Minzsalz, Seite 131
1 EL Minzlikör, Seite 131
1 Prise Cajennepfeffer

1 Die Minzeblättchen von den Stielen zupfen und fein hacken.

2 Die Butter luftig aufschlagen, die restlichen Zutaten unterrühren.

3 Die Minzbutter auf eine Klarsichtfolie geben, eine Rolle formen, satt einwickeln.

Minzsalz

100 g Fleur de Sel
1 TL frisch gemahlener schwarzer Pfeffer
2 unbehandelte Orangen, abgeriebene Schale
1 Bund Englische Minze

1 Die Minzeblättchen von den Stielen zupfen und fein hacken.

2 Alle Zutaten mischen.

Minzschaum

wenig getrocknete Arabische Minze (Gewürzladen
½ dl/50 ml Geflügelfond (Glas)
½ dl/50 ml Kokosnussmilch
1 Prise Cayennepfeffer
1 TL Minzsalz, Rezept obenoben
4 EL Rahm/Sahne

1 Die Minze in eine Schüssel geben, den Geflügelfond aufkochen und über die Minze gießen, zugedeckt 3 Minuten ziehen lassen.

2 Geflügelfond durch ein Sieb in eine Sauteuse (flache Pfanne) gießen, Kokosmilch beifügen, auf die Hälfte einkochen lassen, mit Cayennepfeffer und Minzsalz abschmecken, Rahm beigeben, aufkochen, mit dem Milchschäumer/Stabmixer aufschäumen.

Minzsirup/Minzlikör

Sirup
50 g Englische Minze
500 g Zucker
2½ dl/250 ml Wasser

Likör
1 Rezeptmenge Sirup
1 dl/100 ml dunkler Rum

1 Für den Sirup Minzeblättchen von den Stielen zupfen und hacken, mit dem Zucker mischen. Das Wasser aufkochen, über den Minze-Zucker gießen, umrühren. Mindestens 24 Stunden zugedeckt ziehen lassen. Minzsirup durch ein feines Sieb gießen, nochmals erhitzen, in eine Flasche mit Schraubverschluss füllen.

2 Für den Minzlikör dunklen Rum zum Minzsirup geben, erhitzen, 4 Tage ziehen lassen. In eine Flasche füllen.

134	Béchamelsauce
134	Strudelteig
135	Spinat
135	Orientalisches Fladenbrot
136	Chilinudeln
136	Mehlbutter
137	Minze-Spinat-Nudeln
137	Eiernudeln
138	Kartoffelpüree/-stock
138	Geschmorte Tomaten
139	Vanilleeis

Grundrezepte

Menta x piperita

Béchamelsauce

40 g Butter
40 g Weißmehl/Mehltype 405
4 dl/400 ml Milch
1 dl/100 ml Rahm/Sahne
1 TL Fleur de Sel
frisch geriebene Muskatnuss
frisch gemahlener weißer Pfeffer
1 kleine Zwiebel, geschält, halbiert, mit Lorbeerblatt und Gewürznelke gespickt

Die Butter in einer Sauteuse (flachen Pfanne) schmelzen, das Mehl einrühren, Milch und Rahm zugeben und unter ständigem Rühren aufkochen, würzen, gespickte Zwiebelhälften zugeben, Sauce bei schwacher Hitze unter zeitweiligem Rühren 30 Minuten köcheln lassen, durch ein Sieb passieren.

Strudelteig

180 g Weißmehl/Mehltype 405
1 EL Sonnenblumenöl
ca. 60 g Wasser
½ Freilandei
1 Spritzer Apfelessig
1 Prise Salz
½ TL Zucker

Baumnussöl/Walnussöl
zum Einpinseln des Teiges

1 Das Mehl in eine Teigschüssel geben, eine Vertiefung drücken. Alle Zutaten in die Vertiefung geben, zu einem glatten Teig kneten. Strudelteig mindestens 1 Stunde zugedeckt ruhen lassen.

2 Den Teig vor dem Ausziehen mit dem Nussöl einpinseln.

Spinat

500 g kleinblättriger
erntefrischer Spinat
reichlich frisch gemahlener
schwarzer Pfeffer
Fleur de Sel
Limonenöl

Einen Topf aufheizen, den tropfnassen Spinat zugeben und unter Rühren zusammenfallen lassen, in ein Sieb geben, sanft ausdrücken. Spinat in den Topf geben, mit Pfeffer und Salz würzen, mit Zitroneöl verfeinern, heiß werden lassen.

Limonenöl Halbreife Oliven in Bioqualität werden mit biologischen Zitronen (Anteil 10 %) in der Ölmühle gepresst. Das Öl hat eine feine, fruchtige Duftnote.

Orientalisches Fladenbrot

500 g Weißmehl/Mehltype 405
30 g Hefe
2 TL Zucker
1 TL Salz
3 EL Olivenöl extra nativ
ca. 3½ dl/350 ml Wasser
1 Freilandei
3 EL Sesamsamen
1 EL gequetschte Schwarzkümmelsamen

1 Hefe mit 1 TL Zucker und 4 EL Mehl verrühren. 15 Minuten gehen lassen.

2 Das Mehl in eine Teigschüssel geben, eine Vertiefung drücken, Vorteig, Salz, 2 EL Olivenöl und restliches Wasser zugeben, 15 Minuten zu einem weichen Teig kneten. Schüssel mit einem feuchten Tuch zudecken, Teig 40 Minuten gehen lassen. Den Teig mit wenig Mehl bestäuben, 5 Minuten kneten. 40 Minuten zugedeckt gehen lassen.

3 Den Backofen auf 250 °C vorheizen.

4 Zwei große runde Kuchenbleche mit Backpapier belegen. Den Teig halbieren, zwei Fladen von 25 cm Durchmesser formen, in das Backblech legen. Ei mit dem restlichen Zucker und dem Olivenöl verquirlen, die Fingerspitzen mit Öl befeuchten, in die Fladen ein Lochmuster drücken. Mit der Eimischung bepinseln, mit Sesam- und Schwarzkümmelsamen bestreuen.

5 Fladenbrote im vorgeheizten Ofen bei 250 °C 12 bis 15 Minuten backen. Nach der Hälfte der Backzeit wenig Wasser auf den Ofenboden gießen, fertig backen. Fladenbrote auf einem Kuchengitter auskühlen lassen.

Chilinudeln

250 g Weißmehl/Mehltype 405
2 Freilandeier
1 Eigelb von einem Freilandei
4 rote Thai-Chilis, entkernt, klein geschnitten
1 EL Olivenöl extra nativ
½ TL Salz

1 Eier, Eigelb und Chilis fein pürieren.

2 Das Mehl in eine Teigschüssel geben, eine Vertiefung drücken, Eier-Chili-Püree und Salz zugeben, Mehl vom Rand nach und nach unterrühren und zu einem Teig kneten.

3 Nudelteig dritteln, mit dem Nudelholz Streifen von 10 cm Breite und 5 mm Dicke ausrollen. Mit der Nudelmaschine (Stufe 5) stufenweise auf die gewünschte Dicke ausrollen, Nudeln schneiden. Oder den Teig von Hand ausrollen, Nudeln schneiden. Leicht antrocknen lassen.

4 Chilinudeln in einem großen Topf in reichlich Salzwasser al dente kochen. Abgießen, mit kaltem Wasser abschrecken.

Mehlbutter

20 g weiche Butter
20 g Weißmehl/Mehltype 405

Butter und Mehl zusammenfügen. Zum Binden einer Sauce verwenden, d. h. krümelig dazureiben.

Minze-Spinat-Nudeln

Minze-Spinat-Püree
100 g junger Spinat
2 Bund Englische Minze

Nudelteig
160 g Weißmehl/Mehltype 405
Minze-Spinat-Püree, siehe oben
5–6 Eigelbe von Freilandeiern
1 EL Olivenöl extra nativ
½ TL Salz

40 g Butter zum Abschmecken
frisch geriebene Muskatnuss

1 Tropfnassen Spinat und Minze pürieren. Die Masse durch ein feines Sieb drücken. Minze-Spinat-Püree auf 65 °C erhitzen, nicht kochen. Mit einem Teesieb das sich zusammenziehende Blattgrün (Chlorophyll) abschöpfen.

2 Das Mehl in eine Teigschüssel geben, eine Vertiefung drücken, abgetropftes Püree, Eigelbe, Olivenöl und Salz in die Vertiefung geben. Mehl vom Rand nach und nach unterrühren, zu einem Teig kneten.

3 Nudelteig dritteln, mit dem Nudelholz Streifen von 10 cm Breite und 5 mm Dicke ausrollen. Mit der Nudelmaschine (Stufe 5) stufenweise auf die gewünschte Dicke ausrollen, Nudeln schneiden. Oder den Teig von Hand auf die gewünschte Dicke ausrollen. Leicht antrocknen lassen.

4 Minze-Spinat-Nudeln in einem großen Topf in reichlich Salzwasser al dente kochen. Abgießen, mit kaltem Wasser abschrecken.

5 Nudeln mit der Butter erhitzen, mit Muskatnuss abschmecken.

Eiernudeln

200 g Weißmehl/Mehltype 405
1 Prise Salz
160 g Eigelbe
evtl. 2–3 EL Wasser

1 Das Mehl in eine Teigschüssel geben und eine Vertiefung drücken. Eigelbe und Salz in die Vertiefung geben. Mehl vom Rand nach und nach unterrühren, zu einem Teig kneten. Zugedeckt mindestens 1 Stunde im Kühlschrank ruhen lassen.

2 Nudelteig dritteln, mit dem Nudelholz Bänder von 10 cm Breite und 5 mm Dicke ausrollen. Mit der Nudelmaschine (Stufe 5) stufenweise auf die gewünschte Dicke ausrollen. Leicht antrocknen lassen.

3 Eiernudeln in einem großen Topf in reichlich Salzwasser al dente kochen. Abgießen, mit kaltem Wasser abschrecken.

Kartoffelpüree/-stock

500 g mehlig kochende Kartoffeln
1 dl/100 ml Milch
1 Msp Salz frisch
geriebene Muskatnuss
30 g Butter
½ dl/50 ml Rahm/Sahne,
halb geschlagen

1 Kartoffeln schälen und in kleine Stücke schneiden, im Dampf weich kochen.

2 Die Milch erhitzen, mit Salz und Muskatnuss würzen. Die noch heißen Kartoffeln durch das Passevite/die Flotte Lotte in die heiße Milch drücken, die Butter darauf verteilen, kräftig rühren. Zum Schluss den halb geschlagenen Rahm unterziehen.

Geschmorte Tomaten

8 mittelgroße Tomaten
4 EL Olivenöl extra nativ
2 Knoblauchzehen, geschält,
in feinen Scheiben
1 Prise Zucker
Salz
frisch gemahlener Pfeffer
1 Thymianzweiglein

1 Den Backofen auf 140 °C vorheizen.

2 Die Tomaten in einem Schaumlöffel in heißes Wasser tauchen (überbrühen), mit kaltem Wasser abschrecken, schälen, Stielansatz kreisförmig herausschneiden, Tomaten vierteln und entkernen.

3 Ein Kuchenblech mit Olivenöl einfetten, Knoblauch und abgezupfte Thymianblättchen darauf verteilen, die Tomaten auf das Blech legen, mit Zucker, Salz und Pfeffer bestreuen.

4 Das Blech in der Mitte in den Ofen schieben, Tomaten bei 140 °C 1 Stunde schmoren. Tomaten in eine flache Schüssel verteilen, auskühlen und bei Zimmertemperatur ziehen lassen.

Vanilleeis

2½ dl/250 ml Milch
1½ dl/150 ml Rahm/Sahne
2 Vanilleschoten, aufgeschnitten
3 Eigelbe von Freilandeiern
125 g Zucker

1 Milch, Rahm und Vanilleschote aufkochen, auf der ausgeschalteten Wärmequelle zugedeckt mindestens 30 Minuten ziehen lassen.

2 Eigelbe und Zucker schaumig schlagen.

3 Das Mark der Vanilleschoten in die Rahmmilch abstreifen, erhitzen, unter kräftigem Rühren zur Eigelbmasse geben. Creme in den Topf zurückgeben, unter ständigem Rühren bei schwacher Hitze unter dem Kochpunkt sämig werden lassen.

4 Die Vanillecreme unter häufigem Rühren zugedeckt erkalten lassen. 1 Stunde kühl stellen. Dann in der Eismaschine gefrieren lassen. Oder die Vanillecreme in einer Tiefkühldose im Tiefkühler gefrieren lassen.

Register

A
Ananas 110
Anästhesie 46
Anbau 38
Apfel 58, 100
Apfelrösti 100
Apfelsaft 122
Aphrodisiakum 21
Appetitmangel 50
Aprikose 122
Artischocke 98
Atemwegserkrankung 48
Aubergine 104

B
Bad, Arm- 54
Bad, Fuß- 54
Badewasser 54
Bakterien 46
Balsam, Löwen- 54
Balsam, Minz- 54
Banane 124
Belebung 38
Betäubung 47
Birne 108
Blähungen 45, 50
Blaubeere 116
Bodendecker 21, 22
Bohne, grüne 64, 84, 102
Brot, Fladen- 134

C
Cashewkerne 58
Couscous 68

D
Darmbeschwerden 51
Duftpflanze 17, 23, 48
Durchblutung 50
Durchfall 48, 50

E
Eiscreme, Vanille- 124, 139
Ekzem 50
Endivie, Brüsseler 60
Entschlusslosigkeit 48
Erbrechen 48
Erbse, grüne 70, 76, 82
Erdbeere 114, 116
Erkältung 45, 48
Ernte 39
Erschöpfung, mentale 48

F
Feige 108
Fenchel 58
Fieber 22
Fisch, Lachs 86, 90
Fisch, Pangasius 88
Fisch, Seeteufel 90
Fisch, Thunfisch 82
Fleisch, Hähnchen- 92
Fleisch, Kalb- 96
Fleisch, Lamm- 102, 104
Fleisch, Poulet- 92
Fleisch, Schweine- 98, 100
Frappé 124
Fuß, geschwollen 50
Fuß, heiß 50
Fußkrampf 50

G
Gallenblase 51
Garnele 84
Gedächtnisschwäche 38
Gelee, Gemüse- 64
Granatapfel 118
Grippe 48
Gurgeln 51
Gurke 104

H
Harissa 68
Haselnüsse 122
Haut 50
Hautentzündung 48
Hautreinigung 48
Heidelbeere 116
Himbeere 116, 125
Hitze 53
Husten 50

I
Inhaltsstoffe (Blatt) 43 f.
Insekten 21, 22, 51
Ischiasschmerzen 51

J
Jogurt 124
Juckreiz 51

K
Kalb, Herzbries 94
Kalb, Herzmilke 94
Karotte 64, 70, 76, 88, 102, 104
Kartoffel 104, 138
Kartoffelpüree 138
Kartoffelstock 138
Käse, Kräuterfrisch- 88
Käse, Pecorino 129
Käse, Sbrinz 74, 76
Käse, Taleggio 92
Käse, Ziegen- 66
Katarrh 51
Kefe 86
Kohlrabi 58, 82
Koliken 51
Konzentrationsmangel 48
Kopfschmerzen 47, 48, 51
Körperöl 48
Krampfhusten 48
krampflösend 45
Kreuzungen 15
Krevette 84
Kürbis 78

L
Lauch 86
Leber-Galle-Leiden 22, 48, 51
Limette 86

M
Magenbeschwerden 51
Magenschleimhaut 46
Mango 118
Mangold 74
Mentholgewinnung 18
Migräne 48, 51

Minze, Acker- 14, 18, 94
Minze, Ägyptische 14
Minze, Ähre- 32
Minze, Amerikanische Bergminze 22
Minze, Ananas- 14, 20, 35, 100, 108, 110
Minze, Apfel- 14, 35, 43, 44, 116, 122
Minze, Arabische 14, 60, 66, 94, 124, 129, 131
Minze, Bach- 14, 17
Minze, Bananen- 14, 18
Minze, Basilikum- 14, 86
Minze, Berg- 24
Minze, Bergamotte- 14, 37, 43, 74, 86
Minze, Chartreuse 14, 36, 43, 88
Minze, Eau-de-Cologne 14
Minze, Echte 14
Minze, Englische 14, 28, 64, 70, 90, 102, 104, 120, 125, 129, 131
Minze, Erdbeer- 14, 36, 43
Minze, Frauen- 24
Minze, Grapefruit- 14, 37, 43, 74, 86
Minze, Grüne 14, 32, 43, 44, 124
Minze, Guernsey- 14, 31, 44
Minze, Hirsch- 14, 23
Minze, Israelische 14
Minze, Japanische 14, 18, 27, 82
Minze, Katzen- 24
Minze, Kentucky-Spearmint- 14, 31, 43, 44, 124
Minze, Korea- 24
Minze, Korsische 14, 23
Minze, Krause 14, 30, 43, 66, 72, 88
Minze, La Reine rouge 14, 25
Minze, Lavendel 14, 94
Minze, Limonen- 14, 37, 43, 44, 96
Minze, Maltesische 14, 62
Minze, Marokkanische 14, 33, 58, 68, 92, 112, 130
Minze, Orangen- 14, 27, 43, 44
Minze, Pfeffer- 14, 25, 43, 44
Minze, Polei- 14, 21
Minze, Römische 24, 32
Minze, Grüne Ross- 32
Minze, Ross- 14, 19
Minze, Rundblättrige 14, 20
Minze, Russische 28
Minze, Salbei- 43
Minze, Schokoladen- 14, 27, 112, 114
Minze, Schwarze 28
Minze, Schweizer 14, 33, 43, 76
Minze, Thai- 14, 84, 118
Minze, Wald- 32
Minze, Wasser- 14, 16, 17
Minze, Wohlriechende 21
Minzbutter 78, 98, 102, 130
Minzessig 58, 66, 128
Minzfond 64, 68, 70, 84, 86, 90, 94, 129
Minzjus 96, 130

Minzlikör 64, 88, 108, 114, 120, 122, 130, 131
Minzöl 66, 84, 98, 102, 128, 129
Minzsalz 131
Minzsirup 108, 114, 118, 124, 125, 131
Möhre 64, 70, 88, 102, 104
Mousse, Quark- 116
Mundgeruch 52
Mundschleimhautentzündung 51
Muskelschmerzen 52

N

Nektarine 108
Nervenschmerzen 52
Nervosität 48
Nesselausschlag 52
Neuralgie 52

O

Oberbauchschmerzen 52
Öl, ätherisches 26, 30, 46, 49
Öl, ätherisches, Acker-Minze 48
Öl, ätherisches, Krause Minze 48
Öl, ätherisches, Pfeffer-Minze 48
Öl, ätherisches, Polei-Minze 48
Orange 60, 114, 120, 131
Orangenöl 60

P

Paprika, Gemüse- 66, 68
Parasiten 21, 22
Parfait 112
Parmesan 78
Peperoni 66, 68
Pesto 90, 129
Pflaume 108
Pinienkerne 66, 78, 90
Pistazien 64, 78, 129
Pommes frites 98
Prellung 52
Psyche 21

Q

Quetschung 52

R

Rachenschleimhautentzündung 51
Rheuma 53
Ricotta 90
Rübe, Gelbe 64, 88, 102
Rübe, Pfälzer 64, 88, 102

S

Sauce, Béchamel- 134
Sauce, Butter-Minze-Limetten- 86
Sauce, Minz- 88
Sauce, Schokoladen- 112
Sellerie, Stangen- 58, 64, 84

Sellerie, Stauden- 58, 64, 84
Sonnenbrand 53
Spannungen 48
Speck 60, 74, 78
Spinat 68, 92, 135
Sprossen 64

Sch

Schabziger 72
Schinken, Roh- 92
Schokoblättchen 120
Schokolade 112, 114
Schokoladentörtchen 114
Schmerzunterdrückung 47
Schwarzwurzel 62
Schwellung 53

St

Stimulation 48

T

Tee, Blutreinigungs- 45
Tee, Fieber- 45
Tee, Magen-Darm- 45
Tee, Schlaf- 45
Teig, Chili-Nudel- 136
Teig, Eiernudeln- 90, 137
Teig, Minze-Spinat-Nudel- 137
Teig, Strudel- 134
Teigwaren 72
Tomate 66, 68, 88, 104, 139
Tomate, geschmort 138
Trevisano 60
Trocknen, Minze 40

U

Ungeziefer 51

V

Verbrennung 53
Verdauung 22, 45
Verspannung 53
Verstauchung 52
Viren 46

W

Wadenkrampf 53
Wickel, Kopf- 21

Z

Zabaione 114
Zahnschmerzen 53
Zucchino 64, 68, 94
Zuckerschote 86